怎样在不为人知的情况下了解和影响他人

读心术

瞬间读懂你周围的人

汪国锋◎编著

任何人都无法保守他的秘密

即使他的嘴巴保持沉默,他的指尖却在喋喋不休,甚至他的每一个毛孔都在背叛他。

金盾出版社

内容提要

人们常常是嘴里说着一件事,但脑子里想的却是另一件事。社会纷繁复杂,各色人等都有,但我们又不得不跟各种各样的人打交道。所以,要识别一个人,不能只是听,还要用眼睛仔细去看、去观察;不能只看其表面,还要透过表面现象透视其内心世界。本书正是以精辟的语言、独特的视角,深刻阐述了掌握读心术的真正意义,从而为人们更好地穿梭于职场与情场提供了一定的指导。

图书在版编目(CIP)数据

读心术/汪国锋编著.—北京:金盾出版社,2019.1(2019.11重印)

ISBN 978-7-5186-1439-4

Ⅰ.①读… Ⅱ.①汪… Ⅲ.①心理交往-通俗读物 Ⅳ.①C912.1-49

中国版本图书馆 CIP 数据核字(2018)第 301514 号

金盾出版社出版、总发行

北京太平路 5 号(地铁万寿路站往南)
邮政编码:100036 电话:66886184
传真:68276683 网址:www.jdcbs.cn
印刷装订:三河市宏顺兴印刷有限公司
各地新华书店经销

开本:880×1230 1/32 印张:6 字数:115 千字
2019 年 2 月第 1 版 2019 年 11 月第 2 次印刷
印数:5001~15000 册 定价:39.80 元

(凡购买金盾出版社的图书,如有缺页)
倒页、脱页者,本社发行部负责调换

序

你可曾知道，在面试的过程中，你就是白纸和空杯？

你可曾知道，在推销的过程中，爱假笑的人不懂得拒绝？

你可曾知道，在洽谈的过程中，坐姿开放的人心中早有定数？

你可曾知道，对于情人双方来说，生活离开了谁都能照常运转？

……

俗话说得好："画龙画虎难画骨，知人知面难知心。"的确如此，知人难，知人心更难。古人也曾这样说道："事之至大，莫如知心。"也就是说，再也没有任何事情比读懂人心更重要的了。从某种程度而言，它道出了掌握读心术的必要性与重要性。

读心之妙，在于更好地交往，更好地合作。正如老子所说的那样："知心者智。"真正读懂一个人的内心，对其知根知底，既是一种大智慧，又是一种大策略，而若要读懂人心，就得运用一定的大智慧，拥有"慧眼识珠"的真功夫。

现如今，社会纷繁复杂，各色人等均有，人心犹如一潭深渊，扑朔迷离，倘若你没有一套"读心"的过硬本领，将会被淹没在人海之中，四处碰壁乃至祸从天降。而本书全方位、多层面地囊括了读心的技巧与方法，能够在无形中帮助你轻而易举地做出判断。

本书分为上下两篇，上篇侧重于从聘之有道、推销有策、管理有方、洽谈有招等方面阐述阅读他人内心的技巧，下篇结合现实生活，

具体介绍洞悉情场的相处智慧,从而使其言谈更为得体、举止更为大方、处事更为机警,能够如鱼得水般地驰骋于人生的广阔天地,获得事业方面与生活方面的双丰收。

千里之行,"始于此书"。在本书的指导下,相信你定能把握自己生命的主动权,左右逢源地绕过各种险滩,避过到处碰壁的社交危境,让自己更加坦然地应对一切,更加从容地应对各种挑战。

拥有本书,他人内心变化尽在其中!

前　言

当今社会纷繁复杂，瞬息万变，我们每时每刻都在和他人进行沟通与交往。社会是一所没有围墙的大学，每个人都须在这所学校里接受人生的考验与灵魂的洗礼。而若要在这种异常复杂的人际关系中永立不败之地，人心则不可不察。

曾有这样一句话："百智之首在于识人。"每个人的内心世界都极为复杂，甚至是矛盾的统一体。有些人外貌温厚善良，行为却蛮横傲慢；有些人貌似长者，实则却是小人；有些人表面圆滑，内心刚正；有些人看似坚贞，实则散漫；有些人看上去泰然自若，可其内心深处却是焦躁不安。

人们时常说："人心比山川还要险恶，知人比知天还要艰难。"尽管这句话有些偏颇，但它却从侧面说明人心的隐蔽性。细微之处见端倪，危难之中结真交，关键时刻示胆识。如何才能在最短的时间内真正了解一个人，洞察其深藏不露的内心玄机，并采取与之相应的交往方法，已成为现今社会建立人脉、成就事业的必备技能。只有读心术，才能使你摆脱无所适从的困惑，才能使你具备识别他人的能力，才能使你的心灵从容地栖息于生命港湾；只有在读心辨心的弹指间，才能识其言而审其本，进而潇洒地辗转于人生的竞技赛场，把生命的主动权牢牢掌握在自己的手中。

或许有些人会说，我们之前本不认识，或者说即使认识，对彼此

的了解也是甚微，怎么可能在较短的时间内对对方拥有准确而清醒的认识呢？这种观点并不正确，正如西方心理学家弗洛伊德所强调的那样："任何人都无法保守他内心的秘密。即使他的嘴巴保持沉默，他的指尖却在喋喋不休，甚至他的每一个毛孔都在背叛他！"每个人都会在衣、食、住、行等方面自觉或不自觉地展示自己的个性。比如，在推销的过程中，对方不露齿的微笑，说明你已经被拒绝；在洽谈的时候，假如对方紧握拳头，说明其打心眼里讨厌你等。

总而言之，只有掌握读心术，才能使自己手持王牌，使自己倍加从容地融入社会，游刃有余地洞悉情场。而《读心术》一书正是以精辟的语言、独特的视角，深刻阐述了掌握读心术的真正意义，从而为人们更好地穿梭于职场与情场提供了一定的指导。

目 录

上篇 掌握职场人际奥秘

第一章 读懂职场——应聘自如 …… 3
1. 你就是白纸和空杯 …… 4
2. 打造出你的砖石简历 …… 7
3. 品德就是竞争力 …… 11
4. 正确处理面试时的紧张情绪 …… 15
5. 不做"面霸" …… 19
6. 不要将面试弄巧成拙 …… 23

第二章 读懂客户——推销有策 …… 27
1. 观察对方表情，读懂隐藏信息 …… 28
2. "眉"态百出，心理各异 …… 32
3. 面部小变化，泄露内心秘密 …… 36
4. 注意细节，增强沟通的效果 …… 40
5. 从佩戴的首饰看人 …… 44
6. 推销有术，从穿衣了解人 …… 48
7. 依据性格，推销有道 …… 53

第三章 读懂员工——管理有方 ··· 57
1. 对待员工要感激并尊重 ··· 58
2. 管理者要学会做个"倾听"高手 ··· 62
3. 工作之余让员工感到"愉悦" ··· 66
4. 做一个有权威的管理者 ··· 70
5. 放下权力,做个性化管理者 ··· 74
6. 让员工参与公司的决策 ··· 78
7. 设立荣誉制度,激发员工热情 ··· 82

第四章 读懂对手——洽谈有招 ··· 87
1. 谈话时眼睛向上看的人,问题最犀利 ··· 88
2. 总是清喉咙的人,会因压力而逃离 ··· 92
3. 谈话慢半拍的人通常心不在焉 ··· 96
4. 紧握拳头的人,打心眼里讨厌你 ··· 100
5. 让不停抓耳挠腮的人先说话 ··· 103
6. 不要小看双手叉腰的人 ··· 107
7. 坐姿开放的人心中早有定数 ··· 111

下篇 洞悉情场相处智慧

第五章 读懂女人——避免争吵 ··· 117
1. 女人把爱情当作一生的事业 ··· 118
2. 女人从不吝惜自己的眼泪 ··· 121
3. 大方的女人也会吃醋 ··· 125
4. 女人是很容易满足的 ··· 128
5. 女人一辈子听不烦的话是"我爱你" ··· 131
6. 女人渴望得到男人的呵护 ··· 134

第六章　读懂男人——获得幸福 …… 137

1. 万句承诺不如实际行动 …… 138
2. 男人的嘴就是会撒谎的蜜罐 …… 142
3. 爱"微笑"的男人爱情不稳定 …… 147
4. 天涯何处无芳草 …… 151
5. 生命诚可贵，爱情价更高 …… 155
6. 分手后就不要再联络 …… 159

第七章　读懂夫妻——家庭和谐 …… 163

1. 女人靠哄，男人靠捧 …… 164
2. 善意的谎言更能维持感情 …… 167
3. 婚姻就是一种习惯 …… 170
4. 包容乃是夫妻之纲 …… 173
5. 爱情需要时时保鲜 …… 176
6. 有吵有闹才叫生活 …… 179

上 篇
掌握职场人际奥秘

第一章
读懂职场——应聘自如

人是世上最复杂的动物,对于不同的事物有着不一样的看法和做法。在当今竞争日益激烈的现实社会里,面试者怎样才能够脱颖而出?只有掌握一定的应聘中的道理,了解更多的招聘信息,对自身的价值做最准确的估测,才能对不同的应聘试场应对自如。

无论你是应届毕业生应聘还是职场老手的再一次出击,读懂了面试官的心理,面试成功几率就有了一半。

1. 你就是白纸和空杯

桌上放着两个杯子，一个是空杯，一个是装着白开水的杯子，一小杯泡好的茶，茶叶。如果往那杯有白开水的杯子里倒茶，并不断地添加，直到改变白开水的颜色，那会需要大量的茶叶，才能让白开水与茶的颜色差不多。而那个空杯子里，只需要加入茶水即可。在此，那杯装着白开水的杯子指的是一个人固有的观念。在进入一个企业工作时，需要放空你的杯子，去吸取企业的文化，顺应它的文化。

空杯归零的故事

一个初涉职场的人应该让自己拥有"白纸和空杯"心态，学会接纳全新的观念。但要真正地做到空杯和白纸，的确挺难，这就需要有技巧了。一张永远的白纸是一种心态，并不是跟所有人沟通都是"我什么也不知道"。在工作中要做到眼明手快，以最快的速度接受企业的文化，并不时告诉企业你是一张白纸，让他们在上面画上属于他们的痕迹。

在一个大学课堂里，一个教授拿起一个杯子，往里面装了半杯水，又往里面添加一些沙子。然后，教授又拿出一些大的石子问：可以放下吗？学生摇头，的确，刚放下几块石子水就溢出来了。这时，教授又拿出同样大小的一个杯子，不同的是，这次教授先往里面装石子，然后教授问学生：杯子满了吗？学生回答满了。可是教授又往杯子里面装沙子，沙子就这样被填充到石子缝隙中。教授又问：杯子满了吗？学生不语，教授又将水倒入杯子。直到最后，教授笑着说："只是放的顺序不同，杯子里装的东西多少就有这么多区别。所以你们在走出学校之后，要将自己看作一个空杯子，不断学习和接纳社会上的文化来填充自己，切不可因为骄傲自满而过分夸耀自己。"

在以前，人们以为上个大学就很伟大，于是他们向往知识，向往学校，以为只要大学毕业就可以成为上流社会的人。而如今，大学生在社会上已不占据任何优势了，没有哪个企业因为你的大学生身份就对你刮目相看，相反，如果你要进入这家企业，也许要从最基本的打扫卫生做起。

现在的大学生在走出社会后，通常会感觉到不知所措与迷茫慌乱，因为现实社会与自己想象中的差距太大，自己真正懂得的东西很少，尽管学历比别人高一些，但那又怎样呢？所以，刚走出校门的大学生最好是将自己当作一个空杯，多跟着别人学习，只有这样才能进步。

多学习空杯心态

"空杯心态"已经不是一个新兴词汇了，它是个人修身、员工教育与企业发展的精神导向，是好心态的象征。关于这一点，有一个让很多企业经营者和管理高层都熟知的禅宗故事：

有一位非常出名的禅师，这天，他接待了一位当地的名人。名人在见到禅师之后喋喋不休，而禅师则默默无语，只是以茶相待。他将茶水注入这位来宾的杯子，满了也不停下来，而是继续往里面倒。眼睁睁看着茶水不停地溢出杯外，名人着急地说："已经溢出来了，不要再倒了！"禅师则微笑着说："可是刚才的你就像这只杯子一样，里面装满了自己的看法和想法。如果你不先把杯子空掉，叫我如何对你说禅呢？"名人这才恍然大悟。

其实，凭心而论，除了呱呱坠地的婴孩儿之外，任何人都不可能

是白纸一张或纯粹彻底的"空杯"。每个人都有过去的积累和所谓的经验，而"空杯心态"是一种心态意识，并不是一味否定过去，而是要怀着否定或者说放空过去的态度去融入新的环境，对待新的工作，新的职场，新的事物。

海尔集团董事局主席兼首席执行官张瑞敏告诫其员工：我们的产品应该零库存，成功也应该"零库存"。这句话虽然不像其他领导者那样长篇大论，却掷地有声，这句话不仅道出了张瑞敏这个在中国企业界已经堪称是"成功满杯"的优秀企业家所具有的个人"清空归零"心态，也道出了他所领导的企业的"空杯精神"和"空杯理念"。

在这个世界上，有太多的人抱怨世界太小，无处施展自己的才华，其实并不是世界太小，而是我们将自己看得太大。一个已经成功的人，一个已经辉煌的企业如果不敢和不能"空杯归零"，都极有可能陷入失败的境地。如果将自己放小，那么世界就会变大，当心中装满了自己，就不会有别人的地方，世界当然就会很小。如果每个人都能坦然地放下心中的欲望，世界自然就会变大，要做到这一点，就需要"倒空"自我，只有这样，才能更好地实现自我。

"空杯心态"是一个重新塑形的机会，是一种对工作、学习、生活、生命的放空、低头和吐故纳新。放得越空，拥有越多。如果你不愿意放弃，就无法重塑，倒掉心中盛满的，才能让心灵甚至整个生命重生。"放下"是人们常提到的心态，放弃是为了更好地拥有，就如同空杯心态，倒掉原来的水，才能为身体注入新鲜的水。

什么才是真正的空杯心态呢？人的一生中——幼时自己什么都不懂，大学时以为什么都懂，毕业后才知道什么都不懂，中年又以为什么都懂，到晚年才觉悟一切都不懂。这就是"空杯心态"的最完美体现。所以，作为一名求职者，一定要多学习空杯心态，它不仅是一种企业精神，更是一种人生境界，一种职业态度，一种修身哲学。

2. 打造出你的砖石简历

制作出一份优秀的简历不是一件简单的事情，因为你要引起用人单位的注意，从一大堆的简历中很快发现你，阅读你的简历。简历体现的是两种能力，一类是专业能力、专业素质和知识、专业实践能力；另一类是综合能力、组织能力、团队能力、沟通能力、表达能力、学习能力、道德品质力。如何在一张再简单不过的表格里填写出引人瞩目的效果，这就需要求职者有别出心裁的创意了。

简历是面试的敲门砖

现代社会求职的第一任务就是制作简历，一份优秀的简历就好比自己的"形象大使"，同样也是获得面试机会的敲门砖。未见其人，先看简历的道理人人都明白，对于即将步入求职期的应届大学毕业生而言，怎样制作一份完美的简历才是最重要的。

简历可以帮我们打造出完美的第一印象，恰到好处地包装自己、向用人单位充分展示精美简历显得极其重要，不过，太重视了反而拿捏不准分寸。

小敏是一名即将毕业的大四学生，看着同学们都忙着设计自己的求职路线，小敏和宿舍的几个女孩也讨论起了简历的重要性。对于求

职简历,每个人都有自己不同的说法,但唯一的一个共同点就是:制作一份优秀的求职简历很重要!但是,什么样的简历才是人们口中所说的优秀简历呢?为了这个问题,小敏查找了很多资料,最后在网上看到一个专门教人制作简历的培训班,小敏心想:要想有收获,就必须得投资!于是她报名参加了培训。

教过200元报名费之后,小敏就兴高采烈地学习去了。一个月后,小敏拿出自己花费2000元打造出的重量级简历表,同宿舍的姐妹们还真是看不出来,原以为小敏是被别人骗了钱,但现在她却骄傲地亮出了自己花巨资砸出来的简历表。

有了这个简历,小敏的担心也就减轻了很多。之后她将自己精心打造的简历发到中意的企业,一份又一份,但却始终没有收到回音。眼看着其他同学都开始参加工作了,小敏的心也开始慌了。

这天在学校遇到自己的辅导员,小敏讲述了自己的经历,并将那份砖石简历给老师看,可老师看后,笑了笑说:"其实简历不需要这么厚重,更不需要太花哨,这样反而会让应聘单位觉得你这个人不踏实。简历本身就应该突出一个'简'字,可你的简历却显得繁重,没有重点,缺乏创新,以至于被拒之门外。"听了辅导员的话,小敏这才恍然大悟,原来花费巨资制作出来的砖石简历不仅没为自己带来好运,反而让自己错过了很多机会。

简历本就是一个求职者的简单介绍,太过冗长反而会让用人单位觉得厌烦,因为他每天要看到的简历根本不是几十份、几百份,有时会是成千上万份。繁琐的简历会让审阅者心烦意乱,不愿多看一眼。

简历中首先应该体现出自己的专业能力。专业能力包括专业排名和专业获奖情况,也包括文字写作能力。不管未来是做投资分析师、行政秘书、注册会计师、公司管理人员,文字水平都是一个标准,发表过文章的人一定会得到优先权。专业能力的体现是参加专业社团活动，不是参加一个普通的社团，而是比较专业性的社团。如你是一名做会计的，要写明在管理的类似社团活动中扮演的角色、学到些什么知识，这都能体现你的专业能力和知识，写简历时一定要注明这方面的专业能力。

如何打造最佳简历

在这个求职困难的时代里，求职者要想有更多的面试机会，就需要设计精良的简历。如果你打算亲自动手写简历，下面是几个重要的建议：

1. 选择最佳格式

大多数人的简历是按照时间顺序来写的，可是通常更好的做法是掌握好"技能描述"、"业绩"和"工作情况"之间的平衡。

2. 确保简历文字准确无误

错字现象是很多人都容易犯的错误，因为人们熟悉自己的文字，所以"看到的"是自己所想的，而不是实际写在纸上的。所以在填写过后一定要仔细地检查，并确保无误。

3. "简"和"繁"的平衡

用人单位需要了解你的工作背景、经验，可并不需要了解一切，要让简历内容能帮你争取到面试机会，删掉无关的、对赢得面试不会有直接影响的信息。

4. 不要用人称代词

简历中不应该出现"我"、"我的"、"我们的"等词汇。通常情况下，简历都是以（隐藏的）第一人称来书写的。例如：描述上一份工作时，不要写成"我曾参与招聘、培训、管理经理助理及销售助手"，而是"招聘、培训、管理经理助手及销售助手"。像这样的"片段句"完全可以出现在简历上，而且这种话语在实际中会更受用

人单位的青睐。

5. 以阿拉伯数字代替文字

在学校的时候，老师就教导我们，"十"以下的数字都要大写，但简历上的阿拉伯数字却可以吸引人们的目光，是更好的数字表示方法。

6. 传递积极态度

一般情况下，简历上都不会填写离职的原因和过去的挫折。雇主们要找的是过去表现成功、能做出贡献的人，所以要集中精力传递这些信息、回避任何转移注意力的信息。

求职是一件急不得的事情，想找到一份好工作，就要先从好的简历开始。如果你还天真地相信"只要自己有本事，什么样的简历都一样"的鬼话，那么你绝对不会受到老板的重用。有能力就要大胆地表现出来，你不在简历中写出，用人单位又怎会知道呢？或许就是这么一个小小的细节都会让你和这个职位擦肩而过。

3. 品德就是竞争力

在一次招聘会上，一位外企人事部经理本想招一个有丰富工作经验的资深会计人员，结果却破例招了一位刚毕业的女大学生，让他们改变主意的起因只是一个小小的细节：这个学生当场拿出了两块钱当作用人单位给自己打电话的费用，这让人事部经理看到了女孩在求职过程中的品德，也正是出于这一点，他决定录用这个女孩。

品德对求职有帮助吗

我们都知道，诚信是一个企业存活的根基。企业竞争，不只是战略、技术和创新的竞争，最后决胜负的关键，往往掌握在品德手上。企业品德是一种无法量化的竞争力，企业如果不重视诚信，不但影响企业形象，而且企业的竞争力也会受到严重影响。懂得这个道理的企业会因为顾客、员工、股东三方认同企业形象而变得更加忠诚，顾客提高了购买动机，员工提高了生产力，股东提高了投资的信心。

求职也是同样的道理，一个没有道德的人又怎能赢得公司的认可！可有些人就是不相信这些，他们认为：你可以用成绩单证明各科成绩，用论文、获奖证书反映专业技能，用担任干部或组织活动的经历说明组织能力、实践经验，可"道德"却根本没有实实在在的东

西可以证明。这个问题确实很现实,一直以来,道德都只是人们的主管感知,并没有明文的制度规定。

那么,道德究竟可以拿什么衡量?小梁就遇到了这样的问题。

小梁是某对外经济贸易大学的毕业生,在面试中,他遇到了这样的问题:"你觉得你的思想道德素质怎样?""你的责任感强不强?"

这种问题确实很难回答,如果一个劲儿地说自己"好",会让人觉得有假,像在标榜自己;但要说有瑕疵,又怕考官拿这话当真——如果因为这个被拒,多冤啊!

可是当聘者遇到这样的问题时,又不可能不回答,情急之下,小梁的回答也显得很牵强:"道德这个东西确实很难衡量,如果让我自己评价自己,我当然会给自己打满分,因为至少到现在我不觉得自己犯了什么严重的错误。但要是做好事吧,一时间又不知道该说什么……我总不能说自己扶过几次盲人过马路,乘公交车让了几次座位吧……你要是问我的成绩和专业技能,我可以用证书和论文来证明,可就道德这东西,确实没有实实在在的东西可以证明。"

如果你是一名应聘者,遇到这样的问题,你会怎样回答呢?

有些学生在进入大学之前,会听到这样的一些言论:只要把成绩弄好一些,多考几个证,找到好工作就行了,没必要管什么责任、诚信之类的东西。如果关注过多,别人还可能要笑话你,说你"假正经"、"瞎积极"。但当他们真的这样做的时候,才发现这一法则是错误的——如果你的人品被别人怀疑,根本就没有人愿意与你合作。

在求职中,很多人都不把道德放在考虑范围内,自觉是一个很成功的人,已经具备了应聘的条件,便不那么在乎道德了。但现代企业招聘过程中,已经越来越重视应聘者的品德问题,这也提醒应聘者将那个原本已经忽视的道德问题重新摆上桌面。

人品是一票否决的问题

人品道德已经逐渐成为企业用人招聘的一项基础要求，是选拔人才的先决条件，所以毕业生应聘时应将品德品行放在首要位置。用人单位也会通过两方面进行考核，一方面从学生面试时的言行举止进行考察，另一方面会看学校院系的思想品德鉴定，同时还要去找学校和老师了解情况。

新浪网的用人理念也和人品有很大的关系。其人力资源部门在招聘新人的时候，最重视的是学习能力，其次就是道德素质，也就是应聘者是否具有诚信、负责的态度。其招聘需要三个过程，首先要经过笔试，然后初试，再复试，除此之外，还会通过实习过程来观察应聘者的道德状况。与此同时，公司还会通过发公函、打电话及委托第三方等方式，对应聘者进行背景调查。

通常情况下，用人单位调查出来的结果是99.9%的人都没有问题。当然其中也不乏出现有应聘者呈报虚假成绩和制作虚假简历的情况，但这只是极少数。如果公司一旦发现有这种情况，无论这个毕业生多优秀，也无论他多么适合这个工作，都将被毫不犹豫地剔除。

其实，绝大部分的应聘者还是很优秀的，但就在处理细节问题上不大注意，让领导者觉得心里不舒坦。例如，一家公司声明，从火车站到公司所产生的打车费用单位予以报销，可有员工拿出的出租车票明显不是实际发生的。领导看后心里觉得很不舒服，还为此专门开了会，告诫员工应该讲诚信，注重小节。

如今的企业在签劳动合同时，大都采用一年一签的方法，丢弃了以前"看两三年，用一辈子"的方式，如果发现有问题的员工，就会立刻淘汰！随着社会节奏的加快，人员流动也变得越来越频繁，人才选拔往往变成了"一见钟情"——经过一两次面试就"一拍即

合"。但要衡量一个人的品行，还必须用"日久见人心"的方法。这样，用人单位既能将道德排在仅次于适应能力和专业水平之后的重要位置，还能在招聘过程中选择"速战速决"的方式。

在过去的"铁饭碗"制度下，如果真的有谁品性不好，别人拿他也没什么办法。但现在不同了，各单位的机制都很灵活，合同一般也都是一年一签。竞争力很大，谁有问题可能就会面临被淘汰的命运。这就叫做德才兼备者上，无德无能者下！但应聘者也不要太担心，一般而言，一个企业的文化具有很大的包容性，一些的小缺点还是可以容忍的。

  社会在不断改变，企业的用人制度也在随之不断完善，一个品行不良的人还想像从前那样在单位里吃铁饭碗，已经是不可能的事情了。要想在一个企业中长久地呆下去，就要让自己不断学习，不断进步，用一种感恩的心态来看待企业，回报企业，这才是长久之计。

4. 正确处理面试时的紧张情绪

人们在第一次参加面试的时候，心里难免会有些紧张。当面对考官那张严肃的脸庞时，心就会怦怦直跳，讲话也结巴，私底下能滔滔不尽的内容到面试时也磕磕巴巴的，变得不流利，眼睛也不敢正视考官。有些人甚至在前一两天就出现了不适症状，越是在乎这个岗位，就越是容易紧张。

不要让紧张情绪破坏了机遇

面试时最害怕的事情应该就是怯场了，很多人都有这样的困扰，为什么一遇到正式的场合人就会紧张呢？为什么在众人面前说话会颤抖呢？怯场是一个很常见的问题，但会造成很严重的后果，因为人一紧张就容易出现混乱，该做的事情没做好，该有的水平发挥不出来，而且越紧张越坏事。

王娟其实是个挺开朗活泼的女孩，也参加过不少的面试，从来都没有遇到怯场的现象。但前些天，王娟却在报考公务员面试时脑袋一片空白。

王娟的面试排到了下午，于是一上午无聊的她不知道该干什么好，于是就和几个女孩坐在一起聊天，有的人在看书或是看报纸。可

到了中午气氛就变了，午饭好像都没有胃口，如大家所言，味觉已经没有了。过了12点半，下午的考生开始收拾准备了。有些女生忙着梳头补妆，这个时候大家才感觉到了紧张，有的考生手都开始抖了，小娟的心也开始怦怦跳了。

站在考场门口等候的时候，王娟觉得自己不怎么紧张了，但就是肚子有点痛（之后才知道，肚子疼也是由于紧张，肚皮绷得太紧了）。进入考场

后，可怕的一幕出现了。一进门，王娟就看到了很多考官，当时也不敢仔细算，但至少有10个。王娟木讷地鞠了一躬，说老师好，其实准备的是"各位考官下午好"。估计声音很小，然后中间一个人说"某某考生，请坐"，她就坐下了。

一位考官开始念注意事项，让大家放松心情，不要紧张。当考官将注意事项念完后，便开始提问了。面对这么正式的场面，王娟的脑子一片空白。第一道题，王娟完全不在状态，根本没听清考官说什么，于是，考官又念了一遍，还是困难，当时的她都想放弃了，不过还是胡乱答了一通。到了第二道题，不太紧张了，但还是能听到自己的声音在发抖。就这样，糊里糊涂中5道题结束了，她感觉刚进入状态就结束了。考官说，还有补充的吗，王娟想了一下，只想尽快离开这个可怕的地方，说没有了，谢谢。就这样结束了第一次公务员面试。

在此提醒容易怯场的面试者：紧张是难免的事情，要学会让自己放松，因为越是紧张就越容易出错，反而在心平气和的时候，事情会变得顺利些。有考生在考场上声音会变得越来越小，最后可能连自己都听不见了，还有的人半个小时上好几趟厕所。当然，在考生中不乏有心理素质好的，但也只是少数。通常情况下，第一次面试会比较紧张，但第二次就好多了，最起码面试者知道了整个流程，见识了有好

多面试官的面试,不像故事中提到的王娟那样,一进门就蒙了,坐下后脑袋就空白了。其实,在说话的时候适当用些手势可以缓解紧张心情,有些人在平时说话中就经常习惯性地打手势,这个习惯就很好。

避免紧张心理的方法

每个求职者都要经历面试这道坎。有的人经验丰富,发挥自如,接受面试如同表演节目,顺利过关;有的人则对面试战战兢兢,被动应对,纵有再大能耐,但由于临场表现欠佳,难免败北。面试是用人单位考验人的一种方式,也是优先录取的捷径,是人才就应该好好把握面试这一机遇,不要因为紧张过度而白白失去一个大好时机。

如果你容易受到紧张心理的困扰,也不用烦恼,以下有几点建议,希望有助于舒缓你的压力。

面试的时候,要将自己准备的井井有条的对话在现实中真正上演,对于很多人来说都是一次巨大的挑战。当出现紧张心理的时候,不妨将装在公文包里的文件或是资料拿出来,例如"关于这个问题,我已作了某些设想,请过目",这样就可以尽量减少与主考官正面接触。

主考官的眼神对面试者有很大的杀伤力,如果你无法掩饰内心忐忑不安的心情,不如让自己抱着无所谓的心态来面对:"没什么了不起,大不了再找一次工作,反正比你们好的单位多的是。"

如果不小心在面试中说错了话,不妨等到双方都比较自在的时候再补救,如:"我不知道您看出来没有,坦白地说,我对这次面试有点紧张。"有时候,主动承认自己曾经紧张过,反而能使更接近主考官。

紧张时不妨抬高声音。一般情况下,当人在紧张时大声说上几句话,会缓解一下紧张情绪。例如刚走进考场的时候,就强迫自己向在

座的考官响亮地打声招呼："你们好，我是……"既表示了礼貌，又可稳定自己的情绪，这样心情会轻松很多。

一般人在紧张的时候，语速会加快，就像开机关枪一样，而且说得越快越紧张，造成恶性循环。这时要尽量控制说话速度，让字一个一个地从口中吐出来，速度放慢了，心情也就没有那么紧张了。

有些面试者在回答问题的时候不知道该将目光放在哪，两眼盯着考官的双眼，自然感到紧张，低着头或东张西望，又给人一种不沉着的感觉。在这种情况下，提醒面试者，目光停留的最好位置应该是对方的额头，这样既可以给考官一种专心听讲的良好印象，又会使自己的紧张情绪得以缓解和消除。

有时候，面试也是一个学习的过程。为什么别人可以从容不迫地面对每一位评委老师，而到自己的时候，声音会小得连自己都听不清楚？这种与人交往的技巧不是天生就有的，你紧张，说明你接受的锻炼还不够，多磨炼自己才是解决问题的关键。

5. 不做"面霸"

首先我们要先了解"面霸"的真正含义。"面霸"不是方便面品牌,是求职者针对目前严峻就业形势出现的一种面试方式。表现一:不管对方有没有通知面试,自己打听对方的地址然后主动上门请求给予面试通知,又叫"霸王面"。表现二:不管什么单位一律投简历寻找面试机会,面试机会很多,是比较吃香的求职者对招聘单位的一种逆向选择。眼下,被称之为"面霸"的人大多是刚毕业的大学生,他们手里往往会拿着大把的面试通知单,一天就要面试好几个单位。

甩掉"面霸"的称呼

刚毕业的学生是"面霸"的主流人群,他们经常接到各种各样的面试通知单,但经过无数次的面试之后,仍旧找不到适合自己的。看着身边的同学一个个走上喜欢的工作岗位,他们心里也很急,于是那种高不成,低不就的心理也就慢慢改变了。

大学生在临近毕业的时候,心里都会表现出浮躁,有些人早早地签订了就业协议,有些人要出国、读研,这都算是尘埃落定了,但还有一部分人没有找到工作,处于"漂浮"状态,不知道自己的未来该如何规划。

王明看着身边的同学们一个个签订用工协议走出了校门，自己心里也是百感交集。别人都早早地找好了工作，而自己也参加过很多面试，为什么就没遇见适合的工作呢？王明是北京某所大学的高材生，学的是行政管理专业，他最初的目标是找一份收入高、前景好，而且是在北京城区内的工作，单位能够解决北京户口。

王明之所以有这样的要求，是因为在他的心里一直都有一个"模板"，那就是他的一位学长兼老乡。学长高他两届，他们是家乡最好的中学的校友，在大学时，所学专业也一样，两人关系也很近。学长毕业后在一家快要做成跨国企业的 IT 公司工作，月薪八九千元。而且，明年学长要被派往国外，补贴会也随之大幅度地提高。在家乡那个小县城，这样的待遇，是很惊人的，学长已经成为大家经常谈论的话题了。

王明按照这个样板为自己寻找用人信息，不光是学校就业指导中心的网站，社会上的招聘网站也经常浏览，还不定期到自己目标单位的主页上转转。终于，王明寻找工作付出的心血得到了回报，他不停地接到各大企业的面试通知，而他也不放弃任何一次机会。

为了珍惜每一次机会，王明甚至一个下午就要参加三个面试，倒四五回公共汽车去一个公司面试，直到晚上九点钟才回到宿舍。王明的求职道路要比其他人艰辛很多，当宿舍里的同学都在闲聊时，他却在反复斟酌自己的简历应该如何制作。但王明始终没有学长幸运，不是用人单位太远他不愿意去，就是公司不能解决留京指标，再不就是给的薪水太低，让他觉得实在无法在过年时和学长一起回家。

就这样，他面试了将近四十个单位，却没有一个能签约的。因为面试的单位实在太多了，王明被同学们称之为"面霸"。眼看着离校的时间一天天到来，王明也开始沉不住气了。

终于有一天，王明向同学们宣布，自己不再做"面霸"了，因为一家外贸类企业答应，过一段时间为王明解决留京指标，当然月薪八千的要求他也适当降低了。经过这一番苦战，王明觉得自己成熟了不少。

王明的经历应该是很多人都曾遇到过的。其实，现实中，不是大学生找不到工作，而是他们还在犹豫，不知道该选哪一个。大学生对自己的要求很高，对用人单位的要求更是斤斤计较，致使很多人都找不到工作，一直停留在不断面试的过程中。其实，找工作的时候，人们不应该把薪酬的多少放在第一位，而是要首先考虑有无发展前景，自己能学到什么。

学生毕业后就只能做"面霸"吗

如今，考研、就业、创业三条路摆在大学毕业生眼前，似乎都不那么简单了。考研的人可以暂时避开求职的艰辛历程，但终有一天还是要面对，而那些直接选择就业的人就要好好思考自己的未来了。

小刘就是一名刚毕业的大学生，每天都奔波于各大企业间参加面试，时间久了，也被同学戏称"面霸"。小刘是学工商管理的，同时也是个实践"狂人"，他对自己组织领导能力、沟通协调能力和知识应用能力的锻炼，一开始便走在了大多数人的前面。他的经历就是很多大学毕业生的真实写照，忙于投简历、等通知、面试，失败之后再循环数次。

小刘曾经参加过大大小小数十场笔试面试，可以说是班级里"过关斩将"次数最多者之一，因此还被一些人称之为"面包"。十多次丰富的面试经历让小刘改变了自己一贯的想法，与其这样周而复始地成为一名"面霸"，不如试试看准时机，走创业之路。

大学生创业虽不是一件新鲜的事，但还是要看清楚创业的优势和劣势。大学生创业的优势在于，他们对未来充满希望，理论基础扎

实,有着较高层次的技术优势和极强的创新精神。另一方面大学生社会经验不足,急于求成,市场观念较为淡薄,缺乏商业管理经验。大学生对自主创业普遍持观望态度,致使很多"面霸"发展成了"巨无霸(拒无霸)",依然死心塌地坚持"霸"业不放,直到撞上了南墙也不明白为什么找不到适合自己的工作。

温家宝总理也曾经为大学生创业指了条明路,总理说:"创业不仅可以改变大学生的命运,可以改变企业的命运,而且可以改变国家的命运。我们国家几千年的历史就是在创业中继承和发展下来的。我们这个民族多灾多难,跌倒了,爬起来,再跌到,再爬起来,就这样走过了五千年,不倒、不散、不乱。这当然是我国传统文化的凝聚力,也包含着我们这个民族的创业精神。"从温家宝总理的讲话中可以看出,国家非常支持大学生自主创业,并把其视为可以改变国家命运的大事。这番话既是对大学生创业的鼓励,更是给大学生创业打了针强心剂。

面试在"面霸"们的心中,似乎早已形成了一种固定模式,他们非常善于应对面试中的种种问题,面对考官,就像是在和一个老熟人谈话那样坦然,比起那些一进考场就胆怯的人来说,他们比谁都知道什么话该说,什么话不该说。但当看着空白的就业协议书时,心中却有说不出的感慨,难道除了面试就没有其他的路可走了吗?

不,大学生自主创业就为每日面试像赶场一般的"面霸"们开辟了一条新路,当然不仅是"面霸",对所有走创业之路者而言,创业都不再是天籁之音那样遥不可及了。

6. 不要将面试弄巧成拙

人们都说，面试的时候应该尽可能地展现自己，社会就是一个大舞台，你不表现，机会就会被别人抢走，所以该出手时就出手。如今的职场还真是这样，太含蓄的人得不到领导的重用，甚至会弃之不用，而那些善于在领导面前表现的人却能捷足先登。但表现也有个度量，千万不要因为表现过度而遭人厌烦。

弄巧成拙的面试

面试是求职的必经路线，如今的面试可不同于往日，那些陈旧、老土的问题方式已经被现代人抛弃，年轻人追求创新，追求个性，于是面试也成为了他们展示自己的大舞台。求职者想尽各种方式讨好考官，甚至主动拉关系，希望争取一次机会，但往往就是因为这样，反而将事情弄巧成拙了。

小雪是一所重点大学新闻系的毕业生，出自名校，而且也是美女，大学四年，在校内校外的表现都可圈可点，也算得上是一个小名人了。眼下正是大家八仙过海，各显神通找工作的时候，小雪当然也不会闲着。她的目标很明确，媒体加外企。有目的地投了几份简历之后，一家知名媒体很快给了她一个面试的机会。小雪兴奋地准备着，

要知道，这可是一家有海外资本背景的媒体，无数媒体名人都是从这里面走出来的，小雪感觉自己名利双收的那天就要到了。

小雪抑制住自己暴涨的信心，穿着自己一身休闲装就面试去了。她是这样想的：她希望自己能给面试官一个青春洋溢、清新的印象，因为传媒这个圈子里的美女太多了。和面试官聊天时，她还毫无顾忌地问了几个自己感兴趣的问题，她为自己能问出这样独到的问题而自豪。面试官问她为什么想来公司上班，小雪脱口而出：因为要找工作啊！小雪希望自己天真洒脱的回答能感染考官，而对方只是微笑着点点头，没有再说什么。

总体来说，小雪对自己的表现很满意，但让她不能接受的是：没有收到二次面试通知！原来，这家外资背景的媒体机构，推崇的是职业化的作风，小雪随意闲散的风格显然和他们格格不入；更要命的是面试官认为小雪最大的问题是没有无限渴望和热爱工作的"饥饿感"！用他们的话来说就是：一个没有饥饿感的人就不会全身心投入工作的，公司需要的是对媒体工作有激情的、职业化的年轻人，绝不是只想找份工作的人！

我们都知道，面试对一个求职者来说很重要，它是应聘成功的重要环节，有效的技巧会带给你无穷的益处，而稍不注意，就有可能在面试中落马。所以，在走进考场之前，请在心中默问自己几个问题：

1. 你现在的衣着打扮得体吗？谈吐举止妥当吗？

2. 你对即将应聘的职位了解吗？对方公司的文化、市场事先有充分的了解和估计吗？

3. 你会不会因为心情紧张而说话时结结巴巴？你会不会无意中夸夸其谈，喋喋不休？细节魔鬼是否早已出卖了你？

套近乎也要有技巧

如今的社会就是这样，有关系的最好走关系，没关系的，拉也得拉点关系出来，这是生存必需的伎俩，一位面试官就曾经遇见过类似的现象。

老李是一个权威的面试官，面对应聘者的"神通广大"，他可谓哭笑不得。老李是公司人力资源部门的总监，因为公司需要招聘一批新人，于是老李就见识到了面试中出现的百味笑料。在面试过程中，老李觉得不少应聘者有点"套近乎"的嫌疑。怎么说呢？老李觉得这些年轻人真的很聪明，但却偏好"走后门"的习惯，因为他觉得有人在背后调查自己，并以此来拉拢关系。

其他的先不说，单是校友就出现了五个，还有三个自称自己住在XX小区（和老李一个小区），可是就这么近，老李却从来都没见过。对于这些信息，老李事先并未向外人吐露过，但问题也无伤大雅，便一笑而过。可让他感到尴尬的事情还在后面，一位应聘的小伙子，回答完专业问题后，老李原本感觉不错，可不想该面试者笑着问他太太是否叫"陈某某"，然后声称认识李太太单位的一位领导的朋友。看着身边的同事，老李顿时觉得尴尬不已，这套近乎中，敢情还有些"权威压力"，若老李倾向于这位求职者，那么就有点"走私"的嫌疑。老李来不及询问更多，便嘱咐小伙子回家等消息。

还有一次，老李正在吃午饭，突然手机响了，看后才知道是一周前来面试过的一位求职者发的信息。信息是这样的：祝李总生日快乐，心想事成，发大财。这条短信在别人看来没什么，无非就是一些祝福的话语，但老李却不这么认为，他的第一感觉就是自己被"偷窥"了，心中不由产生一种不安。用老李自己的话说，就是"我还没有弄清对方的个人状况，谁知道人家已将你的个人状况调查得清清楚楚"。

老李知道，自己的个人信息外泄，除了外面认识的朋友之外，还有一些是来自于公司内部员工。事后，老李就给自己下属的员工召开

会议，严肃告知员工，不得外泄任何一个面试人员的个人情况。

从老李的感受中，我们不难看出一个问题：在面试过程中，套近乎，出情感牌并不是最好的策略，作为一个面试官，个人空间被"入侵"，是件尴尬不快的事情，因此，套近乎一不留神，就会弄巧成拙。

面试时确实需要大胆地展现自己的才华，你可以在有限的时间里为面试官跳支舞、唱支歌，甚至拿一些别出心裁的小东西让面试官欣赏，但就是不要谈论他人的隐私。要知道，这后门也不是那么容易走的，稍有不慎就会让面试官尴尬不堪，以至白白错失机会。

第二章

读懂客户——推销有策

都说能够真正把自己推销出去的才是成功的推销员。言之有理,在推销职场中你的一言一行、穿着打扮都会影响客户对你的评价和你对客户的吸引力,所以面对不同的客户,推销员不但要有一定的推销技术和不同的策略,还要懂得客户对你这个人的看法、对产品的需求度,更要掌握他们的购物心理变化。想要成为一个成功的推销员那就要先读懂他们的心。

1. 观察对方表情，读懂隐藏信息

可以说，脸是一张反映人们生理和情绪状况的"晴雨表"。法国著名作家罗曼·罗兰说过："面部表情是多少世纪培养出来的成功的语言，是比嘴里讲的要复杂千万倍的语言。"达尔文认为"脸语"是一种"世界语言"。作为推销员，要善于从客户的面部发现他们的喜怒哀乐，然后"见机行事"。

读懂"目光语"

心理学家阿尔特蒙荷拉比在一系列实验的基础上，得到这样一个著名的公式：一句话的影响力=7%语言+38%声音+55%面部表情。由此可见表情语在信息传递中的重要作用。而在生动多变的表情语中，使用最广泛的、表现力最丰富的是目光语。

在人的面部器官中，眼睛是最富有感情的。眼睛是心灵的窗户。眼睛是人类五感中最敏感的，它概括大约70%的感觉领域。更为重要的是，人们普遍对目光语具有一定的"阅读"能力。作为推销员，要善于了解目光语的基本内容，这是成功推销出产品的第一步。

所谓目光语，是指运用眼睛的动作和眼神来传递信息和感情，是最富有表现力和感染力的身体语言。具体说来，目光语主要由视线接触的时间、视线接触的方向以及瞳孔的变化三个方面组成。下面分别对它们给予介绍。

1. 视线接触的时间

心理学家通过实验表明，人们在交往时，视线相互接触的时间，通常占交往时间的30%~60%。举例来说，如推销员在与客户沟通，如果视线接触时间超过60%，则表示彼此对交谈的内容都很感兴趣；如果低于30%，则表明客户对推销员或他们之间的谈话不感兴趣。通常而言，若两个人的关系不是很亲近，那么连续注视对方的时间应保持在1~2秒钟内。生活中，长时间的凝视、直视或上下打量一个人，都是不礼貌的行为，推销员切莫用这些方法来对待客户。

2. 视线接触的方向

有时候，双方从不同的方向来接触视线，所代表的含义也是不同的。一般来说，客户仰视推销员，就表示"期待"、"盼望"；客户俯视推销员，则表示"宽容"、"关心"等含义；而双方彼此正视，表示"理性"、"平等"等含义。如果客户的目光一直左右四处看，就表示他的大脑在搜寻逃跑的路线，说明他对你的谈话或产品并不感兴趣。这时，你就要知趣地暂停谈话。如果你还想做有效的沟通，那就要主动随机应变、见招拆招。

3. 瞳孔的变化

瞳孔的变化也就是指视觉接触时瞳孔的放大与缩小，它也能透露对方的内心活动。心理学家通过长期的研究得出以下结论：瞳孔的收缩与放大，既与光线刺激的强弱有关，也与心理活动机制有关，而且瞳孔的变化是不由本人控制的，其变化真实地反映了大脑正在进行的活动。当人们看到喜欢或有趣的事物时，瞳孔就扩大；当人们看到讨厌或恐惧的事物时，瞳孔就变小。推销员若能读懂客户瞳孔的变化，交谈时就能游刃有余，掌握更有利的条件。

总而言之,眼睛的力量是无穷的。德国古典哲学家黑格尔说过一段很经典的话:"不但是身体的面容、姿态和姿势,就是行动和事迹、语言和声音以及它们在不同生活中的千变万化,全部可以艺术化为眼睛。人们从这眼睛里可以认识到内在的无限自由的心灵。"

笑容透露心理

心理学家们现在发现:笑是人类与他人交流的最古老的方式之一,而在此之前,笑只被看作是人类幽默感的体现。人类笑是为了和别人团结一致或者嘲笑他们,要么用笑和别人调情。

笑容,即人们快乐时所呈现出来的面部表情。

根据不同的笑容,可以看出微妙的心理情况。在言语交际中,笑容是心理状态的显示屏,同时也是人际关系的一种润滑剂。

然而,很多人都无法正确区分真笑与假笑,而且只要看见有人冲自己微笑,大都会产生一种满足感,而从不会去考虑这笑容到底是真是假。在这里要告诉你的是,只要你认真去练习,用不了多长时间,你便能正确区分出真笑和假笑。

具体方法为:根据你身边的人对彼此的感觉,仔细观察他们打招呼的方式。例如,你知道你的一位业务伙伴喜欢小李但不喜欢小陈,而两个人都受邀去参加这位伙伴举行的聚会,那么注意观察你这位业务伙伴接待这两个人的表情,你一定能立刻找出真笑与假笑的区别。

作为推销员,一旦你掌握了这一情况,便能酌情处理与周围人的关系。更重要的是,你还可以通过观察客户的笑容,估算对方对你的想法和态度。如果对方是真笑,那么你可与客户进行更进一步的沟通;如果对方是假笑,你则应重新调整思路,换种说话方式。

此外,你还要注意一种特殊的笑容,就是嘴巴不张开的笑。人们在露出这种微笑时,双唇紧闭且向后拉伸,形成一条直线,连一颗牙齿也看不到。这种微笑所表示的含义是,微笑者隐藏了自己内心的秘密,或是他不想与对方分享自己的想法或观点。一般情况下,人们在遇到自己不喜欢的人时,通常会露出这样的笑容。事实上,这种微笑就是一种非常明显的拒绝信号。推销员讲话时一定要注意观察客户的笑容,以便了解客户的心理从而随机调节说话方式。

客户下定决心准备购买一件物品时,通常会通过面部表情表现出一些可捕捉的购买信号。作为一名优秀的推销人员,要学会通过客户的表情捕捉到购买的信号,从而促进成交。

2."眉"态百出，心理各异

眉毛的变化丰富多彩，不同的眉毛，能传达不同的心理活动。中国有许多用来描述人的心情和性格的关于眉的成语。比如说：眉开眼笑、眉飞色舞、横眉竖目、愁眉苦脸、慈眉善目等，每一种眉毛动作都会表现出相应的情绪，真是"眉"态百出。

眉毛的状态所透露的心理信号

人们常说，眼睛是心灵的窗户，那么我们可以把眉毛看成是窗帘；眼睛是人生的一幅画，那眉毛就是画框。长在眼睛上方的眉毛，在面部占有重要的位置，能丰富人的面部表情，双眉的舒展、收拢、扬起、下垂可反映出人的喜、怒、哀、乐等复杂的内心活动。在古代，新娘出嫁时都要剃眉，为的就是不让七情六欲流露在脸上，使新娘看起来更温柔、乖巧。由此可见，眉毛能表现内心的变化，从眉毛便会看出一个人的心理变化。

心理学家指出，眉毛可有 20 多种动作。眉毛的各种动作所产生的重要信号有以下几种：

1. 皱眉

最常见的皱眉，往往被理解为要么是对方陷入困境，要么厌烦、反感、不同意等情形。当眼睛突然面临外界攻击、突遇强光照射、强烈情绪反应时也会这样。

2. 耸眉

这样的眉毛动作也经常出现在人们交谈的过程中。人们在热烈谈话时，差不多都会重复做一些小动作以强调他（她）所说的话，大多数人讲到要点时，会不断耸起眉毛。

3. 扬眉

当一个人双眉上扬时，表示非常欣喜或极度惊讶，单眉上扬时，表示对别人所说的话、做的事不理解或有疑问。

4. 眉毛一条降低、一条上扬

这样的形态所传达的信息介于扬眉与低眉之间，一般表示一个人半边脸显得激昂、半边脸显得恐惧。而尾毛斜挑的人，心里通常处于怀疑的状态下，因为扬起的那条眉毛就像是提出的一个大大的问号。

5. 眉毛迅速上下活动

这样的动作和闪动的眉毛很类似，一般说明一个人心情愉快，内心赞同或对你表示亲切。

6. 打结的眉毛

一般是指两条眉毛同时上扬及相互趋近，和眉毛斜挑一样，这种表情通常预示着严重的烦恼和忧郁，比如一些患有慢性疼痛的患者就会经常如此。而急性的剧痛产生的是低眉而面孔扭曲的反应，较和缓的慢性疼痛就会产生眉毛打结的现象。

7. 眉毛连闪

有时你会看到对方眉毛连闪。眉毛连闪是见面时表示打招呼的一种表情，并且表示他对于你的出现，心中充满了喜悦和激动。

8. 眉毛倒竖

如果我们看到了这样的动作，则说明对方处于极端愤怒或异常的

气恼中。

9. 眉毛完全抬高

这是一种"难以置信"的神情。

10. 眉毛半抬高

一般表示"大吃一惊"的神态。

11. 眉毛半放低

一般这样的动作都用来表示"大惑不解"。

12. 眉毛全部降下

表示的是"怒不可遏"的状态。

13. 眉心舒展

表明这个人的心情坦然,处于愉快的状态中。

眉毛的变化丰富多彩,不同的动作,表示不同的心态。推销时,要能根据眉毛的状态判断对方的心理,进而选择有效的沟通方式。

从眉型看女人性格

眉毛就像一个人的表情符号,性格标志,眉毛的形状会因为感情产生变化。所以有人说:眉毛即是人心,指的就是眉毛可以用最敏感的方式,传达出一个人的性格与情绪特征。

眉毛可以表现出一个女人的娇柔妩媚,也能反映出一个女人的性格特征。

通常情况下,眉毛比较散的女人往往诡计多,一不留神会让别人上当吃亏,因为她的内心随时在计算着别人,就算是亲朋好友,也不会留情,毫不手软的,因此,遇到眉散的女人,推销要谨慎万分。

"扫把眉"即眼眉尾部渐渐变得疏落和散碎,是"财散"的象征,有此眉的女人会心绪不宁,凡事杞人忧天。此类女人往往对他人多疑,这种人胸怀一般不够开朗。向这种人推销产品往往就比较困难,另外,与这样的人打交道,一定要注意说话方式。

眉心太窄的女人往往器量比较小。社会上都说:女子不可有"眉窄眼"。眉窄眼就是眉心生得太窄,这样的女人,因器量较小,气魄不大,因此更容易招惹是非,很多事情往往弄巧反拙。

眉毛长的女性多半爱深思远虑、处事谨慎;眉毛短的女性则缺乏独立性,但感情丰富;眉毛浓的女性多粗心任性;眉毛纤细的女子,虚荣心强,重名誉,且感情淡薄。

即使是女子眉心间隔差距,与其性格也有联系,如眉心间隔宽的女子,自视甚高,个性外向。

中国民间有种说法:一个人有钱没钱,可以看他的鼻头;会不会存钱,可以看他的鼻翼;想看一个人会不会用钱赚钱,或是和朋友共享利益,和大家一起赚钱,就必须看他的眉毛。尽管有"观眉毛,识破人"一说,但是,真正了解一个人的性格如何,还必须综合去分析、去观察,我们不能简单地"望眉兴叹",因为人是最难了解的,所以才有"知人知面不知心"一说。要想成功地把你的产品推销出去,一定要学会察言观色,有效沟通。

3. 面部小变化,泄露内心秘密

在谈话的过程中需要特别留意的是客户的肢体语言。在人际交往中,要做到知己知彼,较全面地了解对方的心理状态,就需要从细节着手。而在相互交流中,一个人的心理活动往往会从面部的变化中显示出来。因此,我们要学会通过观察对方的面部小变化洞悉其心理活动。

嘴部动作是打开人内心世界的一把钥匙

嘴对于每个人来说都极为重要,它既是人类饮食、呼吸的重要器官,在肢体语言方面也起着不可估量的作用。无论是古代的相术,还是现代的心理学,嘴部都是需要特别关注的部位,因为它能够泄漏一个人内心的想法!

心理学家对人类的嘴部动作十分感兴趣,研究甚多。话从口出,口被称为是"出纳官"。在交往中尤其是通过口头语言交流的时候,嘴部动作可谓丰富至极。实际上,各式各样的嘴部动作都与说话人的心理活动存在联系,都能反映出说话者的性格特征和心理态度。

工作中,陈建明就是靠着对嘴部的观察顺利成就了一桩生意。

一次,陈建明与一家大型跨国公司洽谈船只交易的事。当他念出合同中的某一条款时——这项条款涉及一项价值几百万美元的建筑工程，这家跨国公司的谈判代表缩紧了他的双唇，显然，这说明这一条内容并不合他的意。当陈建明捕捉到这一信息后，就提议再仔细核查或讨论一番。于是，双方就对一问题进行了反复推敲，最终的结果是，陈建明最终顺利签下了合同。

在这里，客户不悦的信号被发现并得到有效的处理是解决这一特殊问题的关键，能破译出其中的密码，则能推进你的目标实现。

具体来说，典型的嘴部动作通常有以下几种：

1. 在与人交谈时，如果对方嘴唇的两端稍稍有些向后，表明他正在集中注意力倾听谈话，且对你的言谈极感兴趣。

2. 如果对方的下嘴唇往前撅，表明他并不相信你所说的话，并且他还想立刻找出相应的证据来反驳你。

3. 当上下嘴唇一起向前撅时，表明他的心理正处于某种防御状态，对你不是太信任。

4. 嘴角总是向下撇，表明这种人的性格固执、刻板，并且内向，不善言辞，想要说服他有一定的难度。

5. 在交谈时，爱用牙齿咬嘴唇或双唇紧闭的人，说明他正在认真听你的讲话，也可能是在心里仔细地揣摩你所说的话是否有道理。

6. 说话时不时地以手掩口，表示对方存有戒心，或者是在掩饰自己的秘密。

7. 说话时经常舔嘴唇的人，很可能是压抑着内心因兴奋或紧张所造成的波动。

8. 抿嘴动作往往意味着对某件事已下定决心，习惯性抿嘴的人一般比较坚强，有股不达目的誓不罢休的毅力。面对这种人，你应进一步做工作，直至达成协议。

当你读懂这一系列的嘴部动作时，你也就读懂了他的内心。这

时，你再以合适的方法出手，相信不难将他说服。

读懂对方鼻子传递出的信息

在人的面部器官中，鼻子可以说是动作最不灵活的。但是它却位于脸部最显赫的位置，可见它的地位是不容取代的，而由它所透露出的性格特征自然也是不能小看的。

从医学的角度来看，鼻子是呼吸的通道之一，人内心的情绪稳定与否，都会引起呼吸的变化，呼吸的变化又会影响到鼻子的外形和色泽。

古人云："鼻居五岳之中岳，属五星之土星。"既然如此，位置居中的鼻子必然也是显示一个人的性格和心理活动的重要标志。善于相面的人，甚至光是看鼻子的形状就能很清楚地告诉我们，它的主人有着什么样的性格特征。

鼻子确实可以反映出很多信息。一个人的鼻子粗大，显示他有着比较充沛的生命力。相反，鼻子细小则给人一种比较单薄的感觉。

一般而言，人的鼻子胀大是表现愤怒或者恐惧，因为当人处在兴奋或紧张的状态中，生理上就会发生变化，呼吸和心律跳动会加速，所以会产生鼻孔扩大的现象。

作为推销员，在工作中，你避免不了要与客户沟通，在你与对方的谈话过程中，当你发现对方的鼻子稍微胀大时，多半表示他有一种得意或不满情绪，也可能正在压制某种情感。这个时候你就要注意你的言词了。

在你与客户的谈话过程中，"呼吸很急促"往往代表的是一种得意状态或兴奋现象。如果对方还伴随有鼻子扩大的现象，究竟是由于春风得意而意气昂扬，还是由于抑制不满及愤怒的情绪所致，就需要从他在谈话中的其他反应来判断了。

还有一些人，天生容易鼻头冒汗，吃顿饭也会汗津津的一片。但是如果对方没有这种毛病，却鼻头冒出汗珠（排除温度影响），应该说是由于对方心理焦躁或紧张的表现。在这种情况下，如果对方是你的重要的交易对手，那么他一定要是想要赶快达成协议，心里想着无论如何一定要完成这个交易，因为他怕交易一旦失败，自己会失去很多机会，或招致极大的不利，所以心情十分紧张，大脑而陷入一种自缚的状态。因为过分紧张，鼻头才有发汗的现象。

一般情况下，鼻子的颜色并不会经常发生变化，但是如果整个鼻子泛白，就显示对方情绪消极。如果是交易的对手，或者是无利害关系的对方，表明他此刻多半正在踌躇、犹豫。例如：交易时不知是否应该提出条件，或为提出借款而犹豫不决。

要想成为一名优秀的推销员，就要集中精力，不要让客户离开自己的视线，继续观察对方的反应、举手投足的动作以及眼神的信号和面部表情变化。作为一名优秀的推销员，一定要学会及时破译客户的嘴部和鼻部的"密码"，灵活应变，那么，推销工作就会更加顺利，甚至还会"柳暗花明"！

4. 注意细节,增强沟通的效果

人际沟通有三个要素:话题、语调和身体语言。那么如何发挥各个要素的作用,提高沟通的效果呢?要领就是留心观察,通过投其所好,制造和谐气氛,达到沟通模式尽可能与沟通对象保持一致。说通俗一些就是对方习惯用什么方式,你就用什么方式配合。

从对方刻意突显的部位洞察其个性

现实中,有很多推销员都有这样一个习惯:对方穿露脐装,就称赞对方身材很棒;如果对方穿迷你裙,就说她的腿很美;对方穿得有品位,也老实地照本宣科……虽然你的这些称赞都是"大实话",但却不是对方最想听的。想靠这招打动对方的心,成功推销出自己的产品,是有一定难度的。

从女性刻意突显的部位洞察其个性,了解她们心里究竟在想什么,然后以不同的方式展开交谈,通常能顺利达到自己的目的。

1. 突显眼部的人

戴上长长的假睫毛,再画上彩色的眼影,刻意让眼睛更为突出。

心理特征:这种类型的人外表冷静,其实内心很容易被说服。她们很有安全感,一般不会拒绝和陌生人交流。

沟通技巧：过于客套会让她们感受到威胁，微笑则是最好的说服方式。她们喜欢和看起来"快乐"的人交谈。同样的，她们希望你称赞她们的和善态度，而不是"美丽"、"迷人"这些千篇一律的词汇。

2. 突显嘴巴的人

整个面部以嘴巴的色彩最显眼，例如衣着朴素、淡妆，却涂了亮闪闪的唇油，或是化上大红色的口红。

心理特征：这种类型的人主观意识较强，有时说话比较刻薄，在朋友圈中属于领导式人物。

沟通技巧：她们希望自己的"魅力"能够得到他人的肯定。因此，在与这类人沟通时，说她们看起来很有气势，一定比夸她们长得很有型要管用得多。

3. 突显腰部的人

穿着低腰裤或比较短的上衣，有意无意让腰部成为身体最显眼的部分。

心理特征：这种类型的人心思较细腻，对熟人有较强的依赖性，面对陌生人则缺乏一定的安全感。

沟通技巧：面对这种类型的女性，男性推销员可能会吃亏一点，因为她们会刻意闪避你的接触。建议你开门见山，让她们一开始就了解你的目的，不会心存畏惧，这样反而有利于沟通。

4. 突显腿部的人

经常穿紧身裤或迷你裙，甚至贴身马靴，让腿部的线条突显在人们面前。

心理特征：这种类型的女性个性较强，头脑理智，做事精明干练，但比较势利，也比较神经质，健康方面经常出现问题。

沟通技巧：你不妨直截了当地说明产品的优点，比如"这个产品可以帮你解决……问题""这个产品对你有……好处"，听到这些，

她们通常会不自主地停下脚步。另一方面，她们也比较关心自己的健康问题，在沟通中加一些保健养生的话题，通常会使她们大感兴趣。

对方突显的部位不一样，代表她们内心希望你注意到的地方也是不一样的，而且往往不是她们刻意展露的地方。试想，你去赞美一位模特小姐的腿，她会有独特的感受吗？不被她说老套就不错了。因此，你在推销产品时要极力避免这种情况的发生。

推销时，学会增强沟通的效果

一位成功的推销员，在与客户沟通时，会仔细观察客户的身体语言信号，评估客户对产品的反应，并据此调整方法，促使交易完成。

有一位在推销界闯荡多年的优秀推销员，他在谈到客户的种种无礼行为时说，其实对于做销售这一行的人来说，遇到一些挫折是再正常不过的了，几乎可以说，这是这份工作的一部分，因为当你向客户推销你的产品，特别是陌生拜访的时候，你经常是以一个不速之客的形象出现。把你销售的产品抛开不说，出于一种本能，客户也会对你这个"闯入者"抱着一种抵抗的姿态。更何况，假如你拜访的时间，地点或方式不当，给别人带来了麻烦，你根本就无法要求客户对一个陌生人有那么多的容忍。所以，作为营销员，你能做的，是要学会在拜访前摸清情况，推销时察言观色，留心一些细节问题，尽可能地提高沟通的效果。

1. 注意谈论的话题

推销员一定要摸清顾客的性格爱好，要谈顾客感兴趣的话题，尊重顾客的想法与看法，形象地说，就是"对准频道"。每一个人都有一个最喜欢的频道，只有你发送的信息对准了这个频道，他才能接收，才能引起共鸣。如果顾客喜好踢足球，你跟他谈炒股；他信佛教，你谈基督教；他喜欢音乐，你跟他谈棋艺……他马上会对你没兴趣,你也就很难再向他推销产品了。"酒逢知己千杯少,话不投机半句多",说的就是这个道理。

2. 注意谈话的语调和风格

与人交谈时,适当学着模仿对方的语调和风格。语调包括说话的语气、声调、声音大小和语速快慢。模仿对方的语调在于有意识地创造一种感情融洽的气氛,以便对方更好地接受你。模仿对方的风格,要求我们说话时,遣词用句、说话的气度、做派等方面要与对方的情况相配合。当对方语速慢、声音低时,如果你语速快、声音大,那么,不模仿是怎么也谈不到一起的。再比如:两个人吵架可以越吵越激烈,但从没有看到一个人大声吵,另一个人小声吵,可以持续吵下去的。两个人大声吵就是因为吵架双方都在模仿,所以"投机",一个人大声吵,一个人小声吵者,就是双方不模仿,所以就没有"默契"。

3. 注意身体语言和姿势

谈恋爱时,当你和你的男(女)朋友在公园里散步的时候,你们的步伐是不是很合拍?不可能是一个人步子又小又快,而另一个人步子又大又慢。同样的道理,两个人融洽交谈的时候,他们的姿态和举止大致是相似的。要么采取差不多的坐姿或站姿,要么步调和谐地散步。所以,要想使沟通符合对方口味,站姿、走姿等身体语言保持一致也是很重要的。

推销时,如果客户只知道他目前需要购买东西解决问题,却不知买什么与怎样做,这时就需推销员担当策划师的角色,为他提供全面、准确、最适合的策划方案。推销员要想清楚明了客户的需求,就需要通过提问、回答反复深入地了解客户的真实想法,从而给出客户最需要的购买建议,完成销售。

5. 从佩戴的首饰看人

心理学家发现,不同性格的人对不同的形状会有一种特别的偏爱,在首饰款式的选择方面也能表现出来。有些人总是全身珠光宝气,而有些则只戴少许小饰物;还有些人爱戴上显眼的首饰,有些则喜爱纤细小巧的首饰。美国一位著名心理学家表示,通过人佩戴的首饰不仅能看出其爱好和眼光,还可以反映其性格。

从首饰形状了解人

经过长期观察、研究,心理学家发现,不同性格的人对不同的形状均有一种特别的偏爱,这其实反映出人们希望借此寻求一种内心世界与外在美的和谐协调。

选择小巧、呈几何图案的明快型首饰,通常为活泼好动的女性;选择富于曲线美或流线型的首饰,通常为温顺柔和的女性。

喜欢圆形款式的女性有一定的依赖性,但比较知足,性格恬静。同样爱好的男士,则性情温和、亲切、平易近人,具有强烈的责任感,给人一种安全感。

钟情于椭圆形款式的女性,具有较强的独立性和创造性,不论在生活还是在事业上,都显得与众不同。男士方面,富有正义感,具有较强的领导能力，易取得朋友和群众的支持。

偏爱心形的女性性情细致、体贴入微，而且浪漫活泼。而男士则热情大方，乐于助人，具有很强的社交能力。

偏爱长方形或方形款式的女性，生活严肃认真，做事井井有条，坦诚、坚强。而男士则处事沉稳，具有很强的洞悉能力，爱理智行事，精力充沛。

选择梨形款式的女性，多为追求时尚的现代女性，容易接受新鲜事物，勇于探索，具有较强的适应能力。男士方面，禀性坦诚、外向，能尊重他人。

偏爱橄榄形款式的女性具有很强的事业心，大胆外向，爱接受挑战。男性则具独创性，喜欢标新立异，追求刺激，不易受人影响。

从首饰材质、颜色、类型看人

如今，人们越来越崇尚追求个性化的生活，佩戴各种不同的首饰已经成为广大女性追求美的必然选择。其实，从首饰材质、颜色和类型的选择上，还可以看出一个人的性格。

金首饰：只戴少许金首饰，比如只有一对耳环、一条项链，或只是一块金表，说明有欣赏好东西的品位，但性格不太外向，注意约束和克制自己，不是一个态度随便的人。身上戴满了金戒指、金耳环、金手镯、金项链的人，往往是一个颇有自信的性格，外向并对人友善的人。

银首饰：喜欢戴银首饰的通常是一个有秩序的人，做事情一般循规蹈矩，尤其是每天的例行工作，而不喜欢突然使人惊奇。

钻石首饰：钻石比较极端，因为它无色，只是闪耀而已。凝视钻石的时候，会因为光源的变化而目睹光彩的变化，所以钻石，尤其是有一定体积的钻石最能博取周围人的不自觉关注。偏爱钻石的人，并

不在乎佩饰对自身内涵的表达，更在乎佩饰对别人的吸引功能。

人造首饰：例如身上佩戴大颗的彩色假宝石的这类人，把自己的外貌放在非常重要的地位，也可能在生活上要求甚高，喜爱精品，哪怕是假的。

色彩暗示一个人的内在

红色：红色的饰品会让佩戴者显得热情洋溢，喜欢红色首饰的多是外向活泼的人，而它本身的色彩也容易让别人感受到佩戴者的奔放。这种人大多数对生活充满期待，有点儿喜欢自我表现，不愿意当配角。

蓝色：蓝色首饰色调较暗，不张扬，但深邃柔和，是有一定修养的唯美主义者的首选。偏爱蓝色珠宝的人个性相对平和，对悦己者亲切而不失稳重，对反感的人则保持礼貌的疏远与忽略。

紫色：紫色在视觉上是最性感的，既热烈，又没那么直白。喜欢紫色珠宝的人爱憧憬，感情丰富而内敛，个性中大都具有层次感，你很容易分辨出她是在公事公办还是胡思乱想。

类型暗示性格

家传首饰：有些女性喜欢戴家传首饰，如旧的手镯、旧式耳环和戒指，或古老的胸饰，而不喜欢现代的、新潮的首饰，这类人非常顾家，而且关心家里每一个人，对朋友比较忠诚。

造型夸张的首饰：有些人戴很大的首饰，比如大耳环、大型的胸饰、大颗彩色假宝石等，这类人大多无忧无虑，很有幽默感，喜欢在众人中突出自己。受人欢迎，也乐于助，善于与人相处。

宗教饰物：有些人爱戴一个宗教意味的小饰物，比如一个小十字架或其他类型的饰物。通常情况下，这类人有极大的内在力量，对自己的素质引以为荣。为人实际，决无花架子，不希望有炫耀成分的饰物在身上。

艺术品首饰：有人喜欢买手工做的首饰，或是自制的饰物，每件都是与众不同的。这类人是有创造性的人。

　　古文曰："兵无常式，水无常态，战无常法。"有的推销员为什么效率高？而有的人则很低呢？是他们的能力不够，还是客户不容易对付？不是！是方法问题。作为一名推销员，如果你要推销的产品是日常生活用品，那么你一定要学会根据佩戴的首饰识人，抓住女人这个庞大的客户群体，你就成功了一半。

6. 推销有术，从穿衣了解人

"服装是人的第二层皮肤"，人的穿着打扮，不仅反映了一个人的容貌、气质和风度，更反映了一个人的素质和审美观。服饰是人内在美的一种外在表现形式，通过衣着打扮可以洞察一个人的个性与心理。从一个人衣着打扮的习惯中，可以看出一个人的性格特征。根据不同的性格特征，选择不同的推销手段，才有更多成功的机会。

从服装的色彩识人

服装色彩与性格有什么关系呢？每个人在色彩上都会有个人的喜好，这就会反映在对服装色彩的选择上。这其实就是一种心理暗示，我们从个人对色彩的偏好可以看出这个人的心理特点。

1. 喜欢蓝色、蓝紫色的人

喜欢穿这种颜色服装的人，往往缺乏决断力、执行力。这类人缺乏责任感，由于这类人不善于表露自己的情感，是自尊心比较强的人。

这种人在与人相处时，如果你缺乏观察的眼光的话，会感觉这种类型是"很好的人嘛"！其实这种人缺乏人情味。

要想说服喜欢这类色彩服装的人，应按部就班，并投其所好。同时在这种人面前不能说别人的坏话，这种人在你说别人坏话时，他会假惺惺地骂你。

2. 喜欢穿黑色服装的人

这种类型的人往往对陌生人的态度不温柔，给人一种很难接近的感觉。但假如你了解了他的心理之后，你就会发现他是个非常有趣的人。这类人大多都有一点罗曼蒂克的气质，为人忠厚，且具宽容的气度。在推销时遇到这类人，你必须对他持诚实的态度。他让你办的事儿，能够办到的话，你一定要立刻付之行动，让他从实际中了解你，然后他才会成为你的朋友和合作者。

3. 喜欢穿白衬衫的人

这种类型的人往往缺乏主动性、判断力、羞耻之心。他们在色彩感觉上、扮装上都非常优秀；这种人不论是什么服装，只要穿上白衬衫都能相得益彰。白色与任何颜色都能搭配的优点，当然也能给人一种亲切感，但这种类型的人"穿什么都可以"，就是说对服装不拘束，在性格方面是属于爽直派的。

这类人与人谈话，重要的事情交涉后，关于酒色话题一般不参与言论。这类人有点自以为是。对于自己喜欢的东西，会一意孤行地追求和实现。这类人多半是个躁动分子，极可能与他人起冲突，随时有动干戈的事情发生，在人际交往中，遇到这类穿着的人要有戒备之心。

4. 喜欢红色系服装的人

这种类型的人属于积极主动的类型，非常擅长处理人际关系。这类人外向、乐观，对于琐碎的事情不会想不开，也会将自己的情感直接抒发出来。如果有什么高兴的事，会明显地表达于外，多是想了就做的人。

5. 喜欢黄色系服装的人

这种人具有行动力及冒险心，积极向上，不容易满足于现状，如

果心里坚决想达成的事,就算遇到困难也会对抗到底而完成任务。像这种喜欢黄色系的人,大部分都有活泼的天性,却又保有强烈的主观意识。

6. 喜欢粉红色系服装的男人

这种人一般感情比较细腻、个性较温柔。这类人富于同情心,很多时候能为他人着想,当别人有困难时,就会立刻伸出援手。喜欢粉红色系的人,通常容易浮躁。粉红色是个比较女性的色彩,所以,如果是男人喜欢穿着粉色系服装,那么这个人多多少少会有一些女孩子的特质性格。

7. 喜欢咖啡色系服装的人

咖啡色是较深沉而不醒目的颜色,但具有坚实简朴的特质,喜欢咖啡色的人,讨厌引人注目的事物,这种人通常不会清楚地表示自己心里的想法。由于固执自己的意见,所以较少受到周围的影响,也不易被他人意见所左右。通常喜欢咖啡色系的人,有强烈的主观意识。

从服装的风格识人

每个人都有自己的穿衣风格,其实,从一个人的穿衣风格上也可以反映出一个人的内心。

1. 喜欢粗糙风格的人

粗糙风格就像不打领带的人。"领带好像是会束缚脖子,我不喜欢。"这种类型者大概喜欢粗糙风格,这种人像"一只狼"喜欢独来独往。

在穿着上喜欢不修边幅的人,大都是活力四射的精力旺盛之人。这种人不适合从事薪水阶层工作,大多数人都是脱离薪水阶层,单独到社会中去做生意或自由闯荡。

由于某种职业特点的限制,许多人被迫打起了领带。你问一个人是否喜欢打领带，如果他回答是不喜欢打领带，那么就可能说明他对现在的处境不满意，有另起炉灶的意图。

2. 喜欢朴素服装的人

很多人大概是由于职业的关系，大多喜欢穿朴素的衣服。这类人从表面上看是朴实的，大部分属于顺应型。在朴素当中，当然也有一些豪华的特征。而且，他们在自己的容姿上也有一定的自卑感。

平时喜欢朴素服装的人，但在某个豪华的场合上，你却看到他盛装而入，这种人就要引起人们的警觉。这类人可能十分单纯，也可能颇有心机。他对金钱欲望非常强烈，对别人的批语也非常在意，一般很难接受别人对他的意见，对这类人奉承是上策。

穿着朴素的人向来非常小心，任何事情都有计划性，并以诚实不欺者为多。另一方面，这种人外表看起来诚实，其实对酒色特别着迷，以致家运不好。应付这种类型的人，不要显示攻击心。其次，这种类型的人人情味非常浅薄，是重视现实的人。

3. 穿着马虎的人

在穿着方面比较马虎的人，可以从以下方面判断。比如身着英国的名牌西装，脚蹬一双意大利名牌皮鞋，却系着一条非常俗的领带。这种穿着不得要领，疏于考究的人，他们的特性就是与众不同。这类人通常富有行动力，对工作抱有热忱之心。

这种类型的人一旦下决心从事某项工作，就会一贯如注，有始有终。不过你和这类人相处时，一定要掌握分寸，因为他听到异己之言便会恼羞成怒。对这类人，不宜采取责备的口吻或刺激性语言。和这类人有生意上的往来时，你的胜算非常低。

假如你必须和这类人打交道，你就要学会使用头脑和手段，尽量别招惹他生气，因为这种类型的人比较注意连带关系。

要想做成为一个成功的推销员,首先要学会把自己推销出去,而把自己推销出去,一定要注意一些与对方沟通的技巧。在与别人打交道时,要让对方接纳、认可你这个人,一定要先了解别人,只有这样,才能找到合适的沟通方式,进而达到自己推销产品的目的。

7. 依据性格，推销有道

性格是人际交往的第一要素，不同的人有不同的性格，不同性格的人所喜爱的东西不一样，所对应的心理状态也就不一样，对人际交往的需求也不一样。不了解别人的性格，与人交往想成功、赢得别人好感的机会并不大，成功推销就更难了。

活泼型与力量型性格的人

了解对方的性格对推销也是很有帮助的，掌握一定的性格知识，巧妙运用性格的技巧，那么性格定可以协助你争取到主动权。

1. 活泼型性格

活泼型性格的人热情奔放。他们懂得如何从生活中寻找乐趣，生活中似乎总是说得多，做得少。只要他在场，就永远是欢声笑语。可一旦遇到麻烦的事情，他们就会逃避，给你的感觉很不成熟，缺乏责任心。所以活泼型的人情绪波动很快，他们一会儿高兴，一会儿又伤心，但又能很快高兴起来。他们接受新事物比较快，但缺乏持久性。

这类人喜欢广交朋友，说话不经思索，但并不在意是否会得罪人；不管对事物有没有认识，他们总喜欢评头论足，即使发表了错误意见也无所谓；轻易做出许诺，但一般很难兑现；意志力薄弱，经不

住怂恿；耐不住寂寞，总要出去寻找乐趣。

活泼型客户虽有主见，但往往经不住别人的劝说，很多时候会改变主意。他们容易接受新的理念，只要合作愉快，他们会为你介绍很多的新客户并乐此不疲；但是如果他们对你的产品不满意，也会到处传播。正是由于这个心理，所以与活泼型客户签单较为容易，后期也比较好相处，如果有这样的客户一定要抓住。

对待活泼型客户，一定要满足他们爱说话的习惯，不要打断他们，要对他们的发言给予肯定并欣赏，这样，他们很快就会喜欢你。同时，经常与他们联系，增进双方的感情，取得他们的信任。经常与他们保持沟通，就能为自己带来很多新客户。

2. 力量型性格

力量型性格的人似乎永远充满活力，永远在超越自己的极限，他们很看重目标，所以他们非常在意工作的结果，对过程和人的情感却不太关心，喜欢控制一切，经常强硬地按照自己的意愿发出指令，显得霸道，粗鲁和冷酷无情。

这类人往往不给别人发言的机会，认为你只要听他的就行了，他说的总是对的；他们做事雷厉风行，因此希望别人也是这样，如果你拖拉，他们会不满；他们外表不苟言笑，因此也不喜欢随意开玩笑的人。

力量型性格的人对事情往往有自己成熟的见解，他们更关注于产品的实用性，对功能性的要求比较高，不喜欢很花哨的东西，对一些特别的新事物也不太容易接受。

推销时，面对这样的人，要学会聆听，而且要听得仔细，注意无论谈论什么话题，都不要与他们反驳。

完美型和和平型性格的人

如果想让推销顺利进行，就一定要了解推销对象的性格，认识性格同时也是人生中不可拒绝的一门必修课程。尊重性格差异，才能有助于建立良好的人际关系，才可能达到推销的目的。

1. 完美型性格

完美型性格的人往往是着眼于长远的目标，通常情况下，他们比其他性格的人想得更多，所以总是能够从一个更高的层面来看待问题。

完美型性格的情绪波动期长，一旦陷入一种悲观情绪中，他们会很长时间沉浸在其中；同时由于过分追求完美，他们会显得很苛刻，对周围人和事的要求都会很高。

这类人从不轻易发言，遇到事情，总是经过一段深思熟虑，才会说出他该说的话；他们总是要求完美，无论是对自己还是对别人，心思很细密，考虑很周到；他们不轻易许诺什么，但做出许诺以后，他们会为此全力以赴做到；他们有选择性地交朋友，不愿意与肤浅的人交流，他们对自己的保护也很深，从不轻易透露想法或表达情感。

完美型性格的人总是先聆听推销者的发言，不管是满意还是不满意，都不轻易表态，对你的新产品他们总是不置可否，但却在内心里进行评价。他们不会轻易告诉你他的想法，除非你真正能打动他，找到他的需求。他们也不会轻易为你介绍客户，以免因介绍失误而给自己带来很多麻烦。

对待完美型客户，作为推销者，你的服务态度一定要认真，不能有丝毫马虎，因为他们既属于冷静的思考者，同时又属于很情绪化的人，对于他们不喜欢的人，他们会不屑与之交往。所以，你的各项工作都要做到非常认真、细致，同时不要急于求成，要给他们一个选择与对比的时间，因为他们决不会轻易与别人签单、达成交易，所以只要自己做得足够好，你还是有机会的。

2. 和平型性格

和平型性格的人属处世低调的乐天派，总是能够充满耐心地应对

那些复杂多变的局面。习惯遵守既定的游戏规则，在风暴中能保持冷静。他们似乎总是没有主见，不愿负责，缺乏热情，做事有些马虎。

这类人不会轻易发火，也不会轻易批评人；他们能够给别人发言的机会，而自己则尽量少说，以满足别人的需求。他们做事慢条斯理，决不会着急。

和平型性格的人可以说是所有客户中最好相处的人，他们一般不会急于交订金或签单，他们会在认真了解之后才决定。

对于和平型的客户，要做到积极联系，主动把握，因为他们一般情况下不会拒绝别人，至少不会直接拒绝你，所以，多跟他们联系，直到让他们觉得不好意思拒绝你了，就会签单。一般遇到这样的客户，大多人都采取这种死缠烂打的方式。当然，有一个前提，自己还必须把各方面的工作做到位，产品在价位上客户能够接受才行。

人是具有复杂情感的高级动物。每个人的性格通常都是多面性的，每个人身上或多或少都有一些其他性格的影子，而绝对不是单纯某一性格的人，只不过某方面表现突出一些，我们就将之归结为某种性格的人。了解客户的性格，一是通过客户的表现做分析，另一方面也可以与客户做一个性格测试的游戏，既让客户和你一起互动，活跃一下气氛，同时，也可以借此机会更准确地了解客户。

第三章
读懂员工——管理有方

每位管理者都有一个心理：赢得员工的心，事业成功。想要成就一番事业的人都知道，与员工打好"交道"是事业成功的一半，所以管理者首先要做的就是了解员工，搞好与员工们的关系；懂得站在员工们的角度上来分析和看待公司，注意团队的建设和发展；对于自己的权力要用之有道，用之有理，对于员工们的付出要有所感激有所回报，促进员工们工作的积极性和忠诚度。这是管理和引导企业的顺利发展的一个心理战术。

1. 对待员工要感激并尊重

员工是企业运作的原动力,所以企业应该给予其足够的尊重和褒奖。有些公司领导人做得非常好,每当员工完成一项工作,他们总会真诚地说声"谢谢"。这发自内心的"谢谢"像一种无形的力量,激励员工以更大的热情做好下一项工作。对员工来说,鼓励的方式应该不仅仅局限在金钱的问题上,一句简单的"谢谢"就能让他们对公司充满更多的热情。

感激员工对企业付出的

现今的公司职员大都具有上进心和自尊心,他们都希望获得领导的尊重与肯定,管理者如果充分认识到这一点并利用好,就能有效调动员工的积极性,推动企业各项工作的开展。世界头号零售企业沃尔玛造就成功企业的一条准则,就是"感谢员工对公司所做的贡献"。在他们看来,薪酬和股票固然可以买来员工的忠诚,但是,单靠这个还不够。每个员工都渴望被人尊重、感激,尤其是做了引以为豪的事情,一句真诚的表扬,所引发的作用是别的东西无法替代的,而且完全免费。

又是一年春节了,王敬力站在自己办公室的窗口向外望去,大雪纷飞，车辆穿行在纵横交错的立交桥上，他想到不能回家过年的员工们，心里很不是滋味。作为企业的领导人，王敬力也感到很无奈，毕竟自己也尝过不能回家过年的辛酸。

此时的他也正在想念老家的亲人，父母，妻子，还有两个可爱的孩子。于是打开电脑，将此时的心情记录下来。但就在这时，他突然想到，既然不能回家和亲人一起过年，为什么不在公司里举行一次员工联欢会，让不能回家的人都能感受到家的温暖！

这个想法让张敬力豁然开朗，是啊，员工为企业做出了这么多贡献，连过年回家的机会都没有，这样一来，企业岂不太不仁道？于是张敬力便开始着手操办此事。

大年三十晚上，张敬力将不能回家过年的员工聚集在三楼大会议室里。张敬力的声音响起："今天就是大年三十了，大伙不能回家的心情我能理解，在此我要感谢大家，谢谢你们长期以来对公司的支持和贡献，让公司能够稳健发展。尤其是老张、肖红、老李等老员工们的贡献，当然新员工的成长也非常快，而且责任心非常强，工作很努力，也很踏实。说实话，公司里的每个员工表现都不错，大家都有自己的长处，当然也会有不足的地方，不过希望大家在工作中都尽量扬长避短，多发挥自己的优势，尽量避免不足。新的一年又到了，我很感谢所有员工为公司所做出的贡献，没有大家的努力就没有公司的今天。感谢大家，我爱你们！"

会议室里响起了热烈的掌声，随后，一阵阵悠扬的歌声响起，其主角当然是公司里的全体员工。晚会有小品、歌曲、模特表演等12个节目，还设计了趣味抽奖等多个员工参与性的活动，每个人脸上都洋溢着节日的喜悦。有一位老员工还兴致勃勃地和张敬力聊天："虽然今年的春节不能回家和亲人团聚，但能和来自全国各地的同事们一起闹春晚，也感觉别有一番意义。"

张敬力看着身边开心得手舞足蹈的员工，心里万分激动！

老板时常抱着一种感谢员工的心态是企业成功的法宝。但是，"感谢员工"这个浅显的道理，不是人人都懂，也不是每个企业都能做得好的。在一些企业的管理者看来，员工干活拿钱是无可非议的。但是你拿了钱，就得好好干活儿，干好了是你的本分，干不好就得受罚，甚至被裁掉，又何来"感谢员工"之说？"感谢员工"真正应该做到的是尊重员工，理解员工，关心员工，而不仅仅是利益上的交换！

人性化管理，从尊重员工开始

马斯洛的需求层次理论提出：人的需求遵循生理需求、安全需求、被尊重的需求、人际交往的需求和自我实现需求的递增规律，只有低层次的需求得到满足之后，人们才可以更加安心地工作，更愿意全心付出，达到自我管理和自我实现。工作中，员工的生理需求比较容易被满足，但却经常不被尊重，尤其是领导的轻视，严格的制度让他们没有一点可供自己自由支配的时间，自己的想法无法得到实现，工作很压抑。

领导的态度和公司的管理制度对一个员工的发展有很大的关系，如果经理允许，他们更愿意主动地工作，独自创新，用自己的能力实现自己的主张。每个员工都是一个小"发动机"，这个"发动机"能否有效运转和企业结构有关，和经理加油的力度有关，如果员工没有被发动起来，经理就要反思自己的管理风格了。一味地让他们按部就班地工作，完全没有自己的思想，没有一点创新，那么员工就只会习惯等待命令和接受监督，一旦他们脱离了管理者的控制，将什么事都做不了。

感激并尊重员工，是每一个领导应该做到的，因为只有员工的私人身份受到了尊重，他们才会真正感到被重视，被激励，做事情才会真正发自内心，才愿意和经理打成一片，站到经理的立场，主动与经理沟通想法探讨工作，完成经理交办的任务，甘心情愿为工作团队的荣誉付出。当工作成为一种享受的时候，员工就会全心全意地为企业付出，将工作看作生活中最重要的内容，进而为企业谋得更多的利润。

没有那个员工喜欢在严格监督和管制之下工作，他们更愿意在上班的时候有更多的时间安排工作计划，能对工作有更多的主动权，驾驭更多的工作内容。他们希望下班之后可以暂时忘掉工作，和家人共享团聚的温馨，而不是时刻备战，随时等待着加班的通知。

尊重员工就是要给员工一个相对独立的私人空间，即使是在上班时间。一个领导者不可以每时每刻都监督在员工的身边，你所能做的就是指导帮助员工学会时间管理，利用好自己的时间，做好自己职责范围内的工作规划和计划，做好自己的发展计划，用计划和目标管理员工。所以，尊重员工的领导才会得到员工的爱戴，人性化管理就是要建立在相互尊重的前提之下。

> 在工作中，很多领导者都会与其下属出现意见不合，甚至发生相互争吵的事情，虽然不能将错误全部归结到领导者的身上，但大部分事情会因为领导者的管理不当而使问题越演越烈。其实，员工们的要求并不高，只要领导能看到自己的努力和汗水，并予以尊重，他们就会为公司，为企业全心全意地付出。作为管理者，一定要明白这个道理。

2. 管理者要学会做个"倾听"高手

"倾听"应该是一个管理者必须学会的事情。据调查，八成管理者不善于倾听。"倾听"是一种技巧，也是一名成功的管理者应该具备的至关重要的素质。有些人仅仅把"倾听"当作"听见"，这是一种危险的误解，会导致"有效的倾听是一种与生俱来的本能"的错误看法，结果，管理者很少致力于学习发展倾听技巧，不知不觉地就忽略了这一重要的交流功能。管理者对"倾听"的缺乏，会致使公司错过良好的发展机遇，甚至会对现状产生误解、冲突和拙劣的决策，或者因问题没有及时发现而导致危机。

认真倾听，捕捉细小的信息

"倾听"看似简单，实则存在一定难度，尤其是对一个管理者来说，能够心平气和地听取每个人的意见着实不容易。那么，如何才能做到最有效地倾听呢？

其实，倾听是需要技巧的，倾听对管理者来说至关重要。当员工明白自己谈话的对象是一个倾听者而不是一个等着做出判断的管理者时，他们会不隐瞒地给出建议，分享情感。这样的倾听，为员工创造了舒适的环境，让管理者和员工之间能创造性地解决问题，而不是互相推诿、指责。

按照张经理的一贯作风,每次的会议从开始到结束,员工都只需要听自己总结就 OK 了,最多也就是拿个笔记录一点。但今天的会议却与以往不同,张经理坐在自己的位置上,一言不发地看着参与会议的每一位成员。

每个人的脸都像是被霜打过的茄子一般难看,大家你看着我,我看着你,都不知道该说些什么,具体点说,根本就没考虑过要在会议上发表意见。张经理又开口:"大家平时见面怎么说,现在就怎么说,不要拘束。之前开会总是我一个人在作总结和报告,那样的会议实在太枯燥无趣,从现在开始,每个人都要在会议上发表个人的观点,不能只做一个听众。"

张经理的话说完,会议室又陷入一片沉默⋯⋯

"或许是我之前树立的形象太严肃,让大家都些拘束,但现在起我会改正,如果谁对公司有好的意见和建议,请大胆地提出。"张经理重申自己的想法,但是会议室仍旧是很安静,人们脸上丝毫没有想要站出来说话的意思。

没有办法,张经理宣布散会。走出会议室之后,他听到有人在窃窃私语,但却没有说什么,他知道这样突然一百八十度的大转弯可能让员工有些措手不及,但他一定要改变现状。之后,张经理一改常态,无论在哪遇见公司职员,都会主动打招呼,并且还在工作之余和员工聊天,希望能戒除他们对自己的防备。

这一方法果然奏效,在之后的几次会议中,很多有思想、有主见的员工都大胆地提出了自己的想法,张经理也因此收集了很多一手资料。每次会议之后,他多会将员工们的宝贵资料整理成档案,以供随时采纳。公司里的气氛越来越融洽了,而且业绩也有了突破性的发展。

对于一个领导层的人来说,听取员工的意见能使公司更好地发展,因为他们才是产品的直接参与者。一个优秀的管理者应该努力培养自己"倾听"的能力,通过对员工或者他(她)所说的内容,不断地创建一种积极、双赢的过程。这种方式不仅能鼓励员工的诚实、相互尊重、理解和安全感,还能鼓励员工建立自信心,反过来促进他们的自尊。

倾听的技巧

当你倾听对方的意见时,一定要做到专心,并时常通过非语言行为,如眼睛接触、某个放松的姿势、某种友好的脸部表情和宜人的语调,建立一种积极的氛围。如果你对对方的话语表现出留意、专心和放松,那么,对方就会感到重用和更安全。

倾听的第一阶段是对对方的话题表示感兴趣,因为第一阶段的倾听意味着你带着理解和相互尊重进行倾听。

第二阶段要以关心的态度去倾听,就像是一块共鸣板,让说话者能够试探你的意见和情感,同时觉得你是以一种非裁决的、非评判的姿态出现的。但是请不要马上就提出很多问题,因为不停地提问给人的印象往往是听者在受"炙烤"。

第三个阶段,让自己表现得像一面镜子,反馈自己认为对方当时正在考虑的内容,总结对方的内容以确认你完全理解了他所说的话。

第四个阶段,要避免先入为主,这发生在你以个人态度投入时。以个人态度投入一个问题时往往导致愤怒和受伤的情感,或者使你过早地下结论,显得武断。

第五个阶段,要经常使用简短的口语,如"噢"、"是的"、"呃"、"我明白"或者"有意思"等,来认同对方的陈述。还要经常使用"说来听听"、"我们讨论讨论"、"我想听听你的想法"或者

"我对你所说的很感兴趣"等语句来鼓励对方谈论更多内容。

如果每个管理者都能要求自己做到这五个阶段,那么企业的发展就会更上一层楼。但事实上,很多时候,人们完全没有去注意说话人所说的话,假装在听,其实却在考虑其他毫无关联的事情,或内心想着辩驳。这个时候,让倾听者更感兴趣的不是听,而是说,这种层次上的倾听会导致关系的破裂、冲突的出现和拙劣决策的制定。

一个优秀的管理者实质上也是一个优秀的倾听者,这种倾听者在说话者的信息中会寻找感兴趣的部分,他们认为这是获取新的有用信息的契机。高效率的倾听者清楚自己的个人喜好和态度,能够更好地避免对说话者做出武断的评价或是受过激言语的影响。身为管理者的你如果能掌握倾听的力量,那么你很快就会成为一名成功的领导者,养成每天运用这些原则的习惯,将它内化为你的倾听能力,你会对由此带来的结果感到惊讶的。

3. 工作之余让员工感到"愉悦"

每个企业都有自己严格的规章制度，无论是哪个岗位上的职员，都要无条件地执行纪律，任何人都不得以个人情绪好坏影响工作任务的完成。这时，问题就出现了，实际上，人在客观上是不可能不受情绪影响的。当一个人的情绪处于愉悦状态，就能充分调动其主观能动性，以饱满的热情投入工作。但如果正好遇上身体不舒服，或是家里出了什么困难，再乐观的人也会有心情不好的时候。

当工作变成一种负担

其实，让员工在工作时感到愉悦并不是一件难事，除了要创造出优越的环境和严明的奖罚措施之外，还要经常与员工进行访谈沟通，给员工以主人翁的尊严和损益共担的归属感，这才可以更广泛而持久地促进企业生产效率的提高。每个员工都希望自己的工作得到认可，所以领导的赞赏是鼓励员工继续上进的最好动力。但很多领导者就连这么一个小小的要求都做不到，非但没有夸赞过员工，反而吹毛求疵，在鸡蛋里挑骨头，这让员工不得不心生厌烦。

李先的学历并不高，可他在公司里待的年限不短，如今已是采购经理，在工作上也颇有成就，深得公司领导层的赏识。李先对下属要求很高，管理严格，他能从一个只有中专学历的毕业生爬到现在这个位子多半也是因为如此。因此，他更希望其下属员工也能像自己一样，一心扑在公司的事务上，为公司鞠躬尽瘁。

李先是个忠于职守的人，他要求下属在上班时间不得擅自离岗，不得做与工作无关的事情，不得闲聊，不得接打私人电话，所有的时间都得在工作。他总是想方设法把员工的时间占有，认为只有员工多做工作才能有成绩。所以，员工在他的严格管理下，总是有做不完的工作，即便有些工作看上去并没有太大意义。

另外，李先还要求自己的员工养成"早到晚退"的习惯，让员工每天陪自己加班一个小时，即使员工无事可做，也要陪伴在身边。假如员工没有养成这种习惯，那么加薪晋职的机会就比较少，而且很有可能被他冷藏，再无出头之日，要么就是莫名接到调职或解雇的通知。就连员工的节假日也让李先进行了重新规划，以适合他的工作需要，有时员工若将午休的时间全部用来休息，也会引起他的不满。

李先的做法显然引起了员工们的怨言，他们抱怨自己没有私人空间，随时都被经理管制和监督，好像自己是被卖给了公司，他们的自由受到了严格的限制，有些人声称自己甚至快要疯掉了！王新就是其中的一个，他开始断断续续地请假，以各种理由和借口逃避李先的工作检查。当然，他也在悄悄地准备着自己的辞职计划，因为他实在是无法忍受这样的经理，他希望自己能早日找到下一份工作，离开这个让他伤心透顶的上司……

如此看来，李先应该是一个失败的领导者，他管理员工的动机确实很好，但其做法却让员工无法接受，甚至让员工心生反叛之意。李先属下的员工每天都用抱怨的心态看待工作，显然没有感受到工作中的快乐，随着士气低落，效率下降，人员流失，管理混乱等问题的接踵而至，王军的工作也会慢慢陷入僵局。作为一名领导者，首先应该

明白,员工是一个追求自我发展和实现的个体人,只有在这个条件满足的前提下,才是一个从事工作有着职业分工的职业人。

逼出来的工作没质量保证

有些领导认为员工喜欢逃避工作,因此必须加强管理,加强监督,甚至采取一些强制的手段,把员工的时间全部占有,让员工时刻都在自己的视线范围内。每个管理者或许都有类似的想法,认为唯有严格的管理制度才可以体现出自己的威严,才算是尽职尽责,才能出成绩。这样的领导人鄙夷所谓的理论、观念和方法,在他们看来,只有所有的时间,员工都在工作,手中不停地有事可做,才最令他们放心。然而,要让员工达到这样的标准,最好的方法就是加强管理手段,也只有这样,自己才对得起公司给的高薪,自己的价值才能得到体现。

但是在人性化管理被普遍提倡的今天,以上故事中的李先经理的管理风格显然要受到质疑和挑战。这种严格的管理制度使得新经济下的知识型员工难以忍受,知识型的员工需要的是流畅的工作流程,高效的团队合作,懂管理会领导的经理指导,而不是事事被安排,时时被监督。这些知识型员工们更愿意在工作上展现自己的个性,体现自我的价值,得到能力的提高和业绩的提升。

作为一个公司的领导者,你可能信奉敬业奉献、全心付出、一心为公的职业准则,你认为把工作视为生命的全部才最值得提倡。所以你希望自己的员工和自己一样,在工作时间全心投入,把工作带回家,在节假日来公司加班,将工作视为生命的重心。

但对于大多数员工来说,工作并不是生活的全部,并非每个人都能像经理一样敬业,一心只为工作,也不是每个人都能发自内心地愿意接受经理的监督,时时受经理的管制。恰好相反,大多数员工更希望有足够的时间考虑个人发展问题，希望在工作的时间补充知识，提高技能，希望能有充足的时间休息娱乐。

如果领导者能充分把握员工的这一心理，为他们创造一个舒适的工作环境，让他们每天都以愉快的状态投入到工作中去，相信公司的收益会越来越好。

> 工作本身就是一件枯燥的事情，要每个员工都像经理那样投入到工作而废寝忘食是不可能的，这就要求领导者为员工提供一个优越的工作环境，让其自愿为公司加班加点。当员工发现自我，实现自我的欲望得到了满足和重视，他们才更愿意用心工作，更愿意接受经理的加班要求，更加有效率地完成经理的指令。

4. 做一个有权威的管理者

虽然管理者在工作中应该多和员工亲近,但和员工却不能没有距离。管理者应该在不失亲近的程度上树立自己的权威,不能让身边的员工不把你当回事,因为这样的领导是失败的。职场中说的管理者权威,指的是作为管理者使人信服的权力和威望,具体表现为管理者对周围环境及下属的影响与感召力。这是领导者自身的"内功",同样也是基础功,诸如渊博的学识,超越别人的眼光,对各种可能发生变化的敏锐嗅觉,能使组织化险为夷的高明谋略等等。

以业绩树立权威

领导者的力量都来源于其丰富的知识,"知识+思想=力量"的道理人人都懂,但却不是人人都能做到的。知识是领导者的宝贵财富,知识不仅是征服自然的力量,也是征服人心的力量。一个知识丰富的领导者能解答下属不能解答的问题,特别是当领导有丰富的知识能给下属带来实惠时,下属就会对领导者产生敬佩感,从而领导者能在下属中树立起较高的威信。

对于张瑞敏,相信很多人都不会陌生。他是青岛电冰箱厂厂长,凭着自己较高的才能,清楚地看到电冰箱要在市场上站稳脚跟,就要创出牌子,但要创出牌子,产品质量就要完全过关。为此他提出了名牌战略,使"琴岛－利勃海尔"这种冰箱成为名牌。张瑞敏一直在为自己的想法努力着,为了将自己的想法实现,他强化质量意识教育,健全了三检制度,即自检、互检和专检制度,努力终于得到了好的回报,这种冰箱的质量得到了很大的提高并迅速打开了市场。

就在琴岛－利勃海尔冰箱大卖时,很多人都向张瑞敏提出要尽快提高产量。但是张瑞敏并没有被表面现象所迷惑,他清醒地认识到,从当时工厂的管理能力来看,加大产量必然影响质量。因此他宁可暂时失去一部分销量,也不能盲目扩大产量而砸了牌子。就这样,可靠的质量使企业获得众多的荣誉:1987年首次在国际上中标;1988年获得我国冰箱行业第一枚金奖;1990年跨入一级企业的行列,"琴岛－利勃海尔"通过美国UI认证,欧洲CB认证。

一次,德国一家大公司要拟购一批此型号冰箱,但是其代理商对冰箱的质量还没有完全信任,因为日本、韩国的冰箱都还没有成批进入德国市场,他们认为中国的家电类产品不可能超过日本、韩国。青岛电冰箱厂的代表提出,可以将商标等标志揭去,把这种冰箱和德国产的冰箱混在一起,请代理商们挑选、辨认。经过代理商的反复检查、反复试验,最后挑选了其中一品牌,那正是"琴岛－利勃海尔",可靠的质量使德国人一次就定购了1万台。

这件事情发生后,在国内,青岛冰箱厂的产品更是被很多人所熟知。国家、企业和职工的收入也大大增加了。该厂的每个职工都认识到,这些成就的取得靠的全是厂长张瑞敏的才能,这件事也增加了张瑞敏在职工中的信任度,他的威信也在无形中变得越来越高了。

其实,张瑞敏做的只是监督员工保证产品质量,既没有像其他领导那样摆"官"架子,也没有加大企业的管理制度,动不动就罚钱,扣工资。员工是打心眼里地佩服这个领导的,愿意跟着他打天下,因

为他们相信张瑞敏的能力，相信他是一个优秀的领导者，所以即使这个老板"不发威"，它们也愿意死心塌地地跟随。

恩威并济，威严自立

中国有句老话：恩威并济，威严自立。日本的一位企业家在总结自己的管理经验时也说："打一巴掌给个甜枣吃。"意思是对部下施威，批评或者责罚，使他惊醒于自己的错误，待他的愧疚心平息下来，又要恰当地给他一点甜头，引导他朝正确的方向走。在日常工作中，我们既然把领导的发威比喻为"火攻"，同样也可以把领导的施恩视为"水疗"，水火并进，双管齐下，因人因事而采取不同措施。

一般情况下，管理者在发威之后，都会给下属一段时间检讨自己的行为，思考自身还需要改进和提高之处，这就是领导有计划地做收服人心的工作。

首先将自己认为最有发展前景的员工挑选出来，并与之做深入长谈，这时用词不妨诚恳一些，态度要真诚自然，让员工感到你确实是器重他，以达到与员工进行有效交流的目的。然后领导只需通过这些中间人传播自己恳切的意图，稳定大众心理，而不必直接出面。让员工与员工之间交流，要好于领导与员工交谈，下属更容易认为："原来上司也不是冷酷无情的。"这些人的心里也许会想："如果自己好好干，就一定会有升职加薪的机会，努力吧，领导会因为我的出色表现对我另眼相看。"恩威并举的手段就是要领导发动"火攻"，镇住局面，然后再通过"水疗"把恩泽缓缓传递下来，浸润到各个员工的心中。

优秀的领导者懂得"发威"的力量，所以会掌握火候地偶尔发一次，但这对个别人而言，又是有所区别的。员工中确有出色的人才，这种"千里马"是不能重鞭的。对于那些好胜心强的员工和极有反抗精神但能力非凡的人，领导者就要注意方法，不能一味压制，使他们无法喘气。

对于那些有能力但又不愿屈服的人，要让他们看到：我对普通人是发威的，但对你不同，因为你特别出色。好胜心特别强的人也极敏感，一旦体会到这一信息，他们就以"士为知己者死"的态度来回报你。这种情况其实领导也在发威，不过施威于无形之中。通常情况下，有震慑力的管理者决断力强，办事爽快果断，常常是一字千金，凭这就可使人折服，员工也会因为佩服你而不自觉地向你靠拢。

恩威并施的方法已经被古今中外的很多故事证实，刚柔相济的方法确实要胜于刚柔相偏法。这就如同人的身体构造，有坚硬的部分——手、脚、骨骼等，也有柔软的部分——肌肉、软组织等，二者有机结合，人才能灵活自如地从事各种活动。要做好一个优秀的领导者，就要懂得在员工面前树立自己的威信，而且还要让他们死心塌地地跟随着自己。

5. 放下权力，做个性化管理者

管理者是一个队伍的领跑者，是带领下属完成目标的人，不是通过个人能力实现目标的人；是最大限度挖掘和调动下属积极性的人，是让别人为自己干活的艺术。领导者应该是宽容大度者，不应该以权力压人，其运营权力的最佳手段是抑制而不是放纵自己的权力，因为舞台是大家共同努力才能唱得好、唱得精彩的！

适时放下领导架子

"摆架子"是领导人最忌讳的事情，这种现象在工作中很常见，但却很难避免。很多企业家、领导者都希望在自己的员工面前树立良好的威信，于是他们每每说话总会透露一种居高临下的感觉，提醒该员工谨记自己的身份，做好自己分内的事情。

王明是公司的总经理，在工作中，他一丝不苟，从不敢马虎，他希望自己经手的工作都能以最圆满的方式结束，于是王明在严于律己的基础上，对员工的要求更是几近苛刻。这样做的结果可想而知，王明的完美主义将员工的情绪逼至了极点，他们不堪重负的心理似乎很快就要崩溃了。

或许是王明急于立功的心理，他时常都会到工作车间里视察工作，甚至小到每个工位。王明的细心是公司每个员工都认可的，他的方案确实为公司创造了不小的利润，尤其是其工作态度，更是为公司树立的了良好的口碑。

王明每次视察都谨记自己总经理的身份，他希望在众人眼中树立一个威严的形象，因为这才是一个成功的领导者。其效果很快就有了证明，凡是有王明在的场合，没有人敢大声喧哗，甚至在开会的时候也是他一个人在作工作报告。

这天，公司要组织一个联欢会，大家紧绷的神经终于能暂缓一些，王明也为此而高兴，因为他远远地就已经感受到了同事之间的那份默契。可是当他满心欢喜要加入进去的时候，却发现身边的一切都变得僵硬了，就连平时不拘言笑的人都站直了身子，紧绷着面颊，似乎他们要面临的是一场残酷的训斥。可就在这时，一个刚到公司没多久的新员工站起来说，"总经理，你也喜欢这样的舞蹈啊，平时看您都是绷着脸，搞得大家每天都很紧张，今天终于可以放松一下了……"此语一出，满座皆惊！众人都捏了把汗……大伙都小心翼翼地等待着总经理的训斥。王明如梦初醒，"原来我给大家的印象是这样的？其实我只是想树立一个领导者的威信，并非有意要疏远大家的，可能大伙还不太了解我，不过我会改变自己的工作风格，让大家对我有个全新的认识。"

在以后的工作中，王明改变了以往的工作方式，他在视察的时候，会尽量多和员工交谈工作心得，建立良好的工作关系。慢慢地，王明扭转了个人形象，员工们热情洋溢地与他打招呼，不再像从前那样机械。下班后，还会一起到员工餐厅吃饭。其公司业绩也因为大家的团结一致而创下辉煌篇章。

王明希望在员工面前树立良好的形象并没有错，但关键是要有个分寸。经常和员工套近乎，动不动哥们儿长哥们儿短的管理者不会得

到员工的钦佩,但每天绷着一张"包公脸"的领导人更是让人不敢接近。一名成功的领导者应该懂得如何在两者之间权衡,做个现代化的个性管理者。

做个拿捏得当的管理者

工作中,我们常可以看到一些领导干部"架子"很大,他们高高在上、发号施令,常在员工面前摆起"老佛爷"面孔,讲大话、说套话,官腔官气十足。他们在对下级员工说话的时候,态度生硬,板起面孔,动辄训斥一番;做事不讲亲躬垂范,总是颐指气使,动嘴不动手;或者安于老总办公室,很少放下架子真心实意地了解员工的生活、倾听大众的呼声,即便下去了,也是坐着车子转,隔着玻璃看,蜻蜓点水,前呼后拥。

更有一些管理者自以为是,独断专行,骄横狂妄,我行我素,听不得逆耳忠言,只纳阿谀奉承之辞,闻批评怒火中烧,成了说不得、碰不得的人物。这种领导干部的"架子"是怎样摆起来且放不下的?细分析起来,既有内因,也有外因。中国几千年封建文化给人们遗留下来的陈腐思想就是以官为尊、以官为荣、以官为贵,管理者在这样的思想支配下便也形成了"摆架子"这样的坏习惯。

据说,曾有个北大新生趾高气扬地走进校园,看到宿舍旁边有个老头儿,就叫住让他帮忙看一下行李,老头儿似乎很忙,但没说什么,默默地替这个学生看着,直至这个学生忙了一圈回来。当这个学生知道为自己看行李的老头儿竟是我国著名的国学大师季羡林时,简直惊呆了。或许在有些人看来,季羡林如此著名的学者,怎么能替人家看行李,要是换作他们,说不定立马拂袖而去。可是季羡林并没有摆自己国学大师的"架子",他认为自己不过就是一个普通的老头儿,能帮人家的忙就帮。

总体来说，职位权力越高，其领导架子就越大，对于管理者而言，权力中毒事件应尽快改正。运用真正的管理学，采用正确的管理方式才能得到更多的拥护者。

权力、金钱、名利是人们一生都在追求的东西，三者让你选一样，你会选什么？很多人都会选择权力，因为职场的潜规则告诉人们，拥有权力就拥有了金钱和名利。人们对权力存在着潜意识的追求，致使大部分人都容易患上"权力之毒"，他们觉得自己"说一不二"、"威风干练"，很有领导样子。殊不知，这样其实是在播种怨恨、积累敌意、激发对抗，被管的人会阳奉阴违、耍滑偷懒，甚至伺机报复……

6. 让员工参与公司的决策

在工作中,我们都知道,企业的重大决定是通过各部门领导干部决定的,员工真正要做的事情就是无条件地执行,剩下的事情根本没必要费脑筋。像这种领导全权做主的现象有很多,我们不禁想问这些领导者,你就那么自信自己比公司里的每一位员工都聪明吗?你真的是公司里最博学多才的一个吗?如果你的回答是 YES,那么结论只有两个:要么你太狂妄自大,要么你对博学一词的理解有误。

留下缺口给员工

一个领导者或许是公司里有才华的人,但却不可因其职位的高低而自夸自大,忽视员工中的有才之士。员工之所以没能在工作中展示出自己的才华,是因为领导不给他们这个机会,事情都要求按章法办事,不能发挥自己的想象和创造,使他们的能力受到是束缚。

有人曾提出这样是说法:领导大可以将一件事情放心地交到员工手中,不必说明具体的实施方案,让员工按照自己的思维来完成。一个员工或许会被这道题难住,但一个群体就绝对不会!在适当的条件下,集体在寻找解决方案,甚至预测未来结果方面,都被证明具有非凡的能力。所以,一位聪明的领导者不应该每件事情都为员工预先安排好，而是尽量开发他们的想象力，为公司注入新鲜血液。

有一位非常出名的企业家在作报告时，很多人都问及他最成功的做法。这时，他拿起粉笔转身在黑板上画了一个圈，只是并没有画美满，留下一个缺口。然后又转身反问台下的听众："这是什么?""零"、"圈"、"未完成的事业"、"胜利"，台下的听众七嘴八舌地答道。他对这些答复未置可否："其实，这就是一个有缺口的句号。你们都想知道我为什么会取得现在事业上的光辉，道理很简单：在工作中，我不会把事情做得很圆满，就像画这个句号一样，必定要留个缺口，让我的下属去填满它。"

工作中，如果每件事情都要领导一字一句地交代，那么员工这一职业岂不是可以省略？其实，这也是在提醒管理者不要事必躬亲，因为这是对员工智慧的抹杀，往往会造成事与愿违的结果。长久下去，员工很容易产生惰性，义务心必会大大下降，把责任全推给管理者。情形严重者，会导致员工发生厌烦心理，即便工作呈现过错也不甘心向管理者提出。再者说，一个领导者再能耐，也会有出错的一天，个人的智慧终究是有限而且片面的。为员工画好蓝图，给员工留下空间，施展他们的智慧，他们会画得更好。让员工参与公司的决策，是对其能力的认可，也是满足员工自我价值实现的心理需要，赋予员工更多的义务和权力，他们会取得让你意想不到的成就。

改变员工单纯地执行义务

在大多数的企业中，员工的义务只是单纯地执行，从来不参与企业的决策。而通常情况下，员工在某项公司决策出台之前是毫不知情的，甚至大多数中基层管理人员也统统被蒙在鼓里。然而，当老板推出一项新政策的时候，他们必须在第一时间里开始彻底高效地执行，且必须全力以赴地把这个由最高管理层描绘于纸上的蓝图在最短的时

间内转化为现实。

在这种传统的管理框架下,"决策"与"执行"必将问题百出。首先,领导者的决策容易出现错误,主要原因是管理人员大多缺乏财务知识,不知道自己的决策结果与最终的财务报表数据之间有什么联系,将怎样影响整个组织的表现。要知道,一名合格的管理人员必须熟练地掌握两种语言:财务语言和数据分析语言。事实上,无论公司做出的决策多么微小,都必将直接影响到组织的整体表现,一旦决策错误,那么执行效果越佳,则后果越严重。

除了决策者的问题外,还要看看执行者身上出现的问题。有时候决策虽然精彩,却往往执行不到位。所以,决策者在实施一件事情时,不妨先听听员工和中基层主管的感受,这样才会对突破传统观念和切实解决执行问题更有帮助。

很多时候,员工都不明白公司推出新决策的含义,不知道自己该做些什么,更谈不上是不是努力地去做了。有些部门认为,与其手忙脚乱地去跟着高层决策瞎转悠,还不如安安分分地先完成自己部门的目标。有些主管开始埋怨,认为这项决策和自己的本职工作根本不相干,甚至相背离。由此,我们不难看到这样的事实:一个企业的长远发展,仅靠少数高层管理决策是不行的,或者仅仅只是老板"拍脑袋"决策更不行,而是要让员工参与企业决策!

一个员工的影响力或许并不大,但千万不要忽视了他提出的那个不起眼的意见,要知道,一个恰当的决定和行为将贡献于整体利润表现。但由于员工缺少与公司相一致的价值观,故而企业要创建和培育员工参与公司决策的文化。如此一来,公司上下一心,每个人都能参与公司的重大决策,而不是仅仅依靠一小部分高层管理人员或财务专家甚至靠老板"拍脑袋"来制定所谓的决策。

事实向我们证明,如果员工能参与到决策制定中来,他们就能更加深入地理解决策的内涵，明白决策的重要性，知道自己应在哪些方面为实现该决策贡献自己的力量。当然，在参与决策之前，必须让员工具备足够的判断和审视能力，了解公司的整体经营面貌，分析和使用财务报表和数据等决策依据。也只有这样，才能打造出一个全新的企业文化，每位员工都能清晰地看到自己对整体组织的价值贡献，所有成员目标一致，共同努力，才能获取巨大成功。

　　事实证明，让一个聪明能干的领导者全权处理企业中的大小事物是一个错误的观点。人无完人，再聪明能干的人也会因为某方面的不足而致使自己做出错误的决策，但很多领导人仍旧不明白这个道理，还是觉得巩固中央集权能带来源源不断的效益。

　　当公司出现自己拿不定的主意时，不妨让基层员工，或是中层管理人员参与决策，多听听他们的意见，或许对你的管理有意想不到的收获。

7. 设立荣誉制度，激发员工热情

杰克·韦尔奇曾经说过："你要勤于给花草施肥浇水，如果他们茁壮成长，你会有一个美丽的花园，如果他们不成材，就把它们剪掉，这就是管理需要做的事情。"这里所说的施肥浇水就是员工积极进取的原动力。那么，如何才能让员工全心全意地为公司付出呢？是要不断地加薪吗？不！加薪是有限度的，而且加薪带给员工的热情也是有限度的，最好的办法就是设立荣誉制度，让员工在精神世界里有所追求。

激发员工的荣誉感

在现代化发展的今天，每一个企业都应该对自己的员工进行荣誉感教育，每一个员工都应该唤起对自己的岗位和公司的荣誉感。如果一个员工对自己的工作有足够的荣誉感，对自己的工作引以为荣，他必定会焕发出无比的工作热情。一个员工在争取荣誉、保持荣誉的过程中，自然而然地会对自己的工作充满了激情，个人也不知不觉地融入到了集体之中，获得了更好的发展。

可以毫不犹豫地说，一个没有荣誉感的团队是没有希望的团队，一个没有荣誉感的员工不会成为一名优秀的员工。在一个团队中，荣誉应该被放在崇高的地位上，激励员工的工作热情是企业管理中的核心和永恒课题，除了合理的薪酬制度外，还应该设立企业内部荣誉体系。

玫琳凯化妆品在世界上的影响力已经不用多说了，追究其为什么能发展到如此壮大的局面，还离不开玫琳凯公司专为员工们设立的荣誉制度。

粉红色轿车的赞美：这一奖项可以说是对美容顾问的最高奖励。从1969年开始，每年年底，玫琳凯都会送出一批粉红色凯迪拉克轿车给业绩前5名的美容顾问。这种至高无上的奖励不仅让金牌美容顾问自豪不已，而且成为玫琳凯公关宣传的流动载体。

豪华游的赞美：玫琳凯公司每年都会为业绩一流的销售主任准备"海外豪华游"，他们可以携带家眷到中国香港、曼谷、伦敦、巴黎、日内瓦、雅典等地游玩。

例会上的赞美：玫琳凯公司每周都会举行例会，主持人会在例会上宣告这周销售最佳人员成功经验的叙述，这时，每一个美容顾问都会毫不吝啬地将自己的掌声送给他。

缎带的赞美：玫琳凯公司的美容顾问在卖出一百美元产品时，就会获得一条价值0.4美元的缎带，卖出二百美元时再得一条，依此类推。这远比一百美元的物质刺激有效。

别针的赞美：小巧精致的别针是玫琳凯公司为激烈员工而专门设计的最经典的奖品。这些别针在美国达拉斯设计制造，然后用飞机运到世界各地，用以奖励在销售产品时有优异销售业绩的美容顾问。当不同阶段的美容顾问有了进步和改善的时候，玫琳凯都会奖励各种不

同意义的别针,玫琳凯公司每一位美容顾问都会以佩戴各种形式的别针为荣。

红地毯的赞美:如果你是一名业绩出众的美容顾问,公司会用红地毯欢迎你返回总部,"每一个人都像对待皇亲国戚一般高看她们。"

红马甲的赞美:玫琳凯总公司每年都会召开年度讨论会,每当这时,一流的美容顾问就会身穿红马甲登台演讲,并接受台下同事的掌声鼓励。

《喝彩》杂志的赞美:这种杂志虽然只在公司内部发行,但其发行量和许多全国性的杂志不相上下。这本杂志的最主要目的就是给予赞美,它的上面刊登每月世界各地最优秀的美容顾问名录、各种竞赛活动及其获奖情况,详细介绍一流美容顾问的推销业绩和推销技巧,还刊登这些优秀女性的成功经验及成长体会。此杂志每个月都会有一期,并以不同的国家为单位发行,使玫琳凯美容顾问在公开赞美中分享经验。

从玫琳凯公司的发展来看,人性最大的渴望就是得到赞美和肯定。人人都希望被赞美,女性尤其如此,玫琳凯高明之处正在于不断用"你能做到"的精神来激励广大女性朋友加入自己的事业中,用形式丰富的激励给予员工极大的鼓舞,让她们真正从内心发现自己、相信自己、挑战自己,其中不乏出现大量的成就自我者。员工在各种各样的精神激励中感受到,自己的努力是有意义的,心血没有付诸东流。

这就是员工对荣誉感的追求,聪明的领导人一定要好好把握这一道理,为员工设立不同的荣誉项目,激发其工作热情才能收获工作效率。

有激情才能有效率

每个人都希望在工作中实现自己的价值,如果说自我实现是人类最高层次的需要,那荣誉就是一种终极的激励手段。每个人都对归属感及成就感充满渴望,都希望自己的工作富有意义。荣誉从来都是人们激情的催化剂。当年林彪高呼了一句"别忘了,你们是红四团的",就让飞夺泸定桥的勇士们完成了几乎不可能的任务;拿破仑"为法兰西而战"的名句更是使他的军队所向披靡。

很多企业都想方设法地为有突出贡献的员工设立荣誉,对长期以来一直在为公司奉献的员工,毫不吝啬地授予一些头衔、名号,这些名号、头衔可以换来员工的认同感,从而激励起员工的干劲。例如组织一个"完美俱乐部",当公司员工完成他的年度任务,就被批准为该俱乐部会员,他和他的家人会被邀请参加隆重的集会。相信这样的做法一定会激励起公司雇员的争相竞争,那时,每个员工都会将会员资格作为第一目标,以获取那份光荣。

公司还可以举行一次"荣誉旅游",创建"关爱员工年"的工程,从制度上体现以人为本,运用多种形式和渠道,对职工动真情,为职工办实事,让职工感受"家"的温暖。同时,在"严细为基、制度为根、人文为本"的基础上,采取以激励为主的管理机制,先后命名表彰一批劳动模范、品牌员工及先进工作者。这种管理手段不仅激发了广大职工争相创优的积极性,还为企业赢得了前所未有的成绩。

> 每个员工对自己的工作有不同层次的需求,物质需求只是最低层次的需求,因而薪酬制度对激发员工工作热情所起

的作用是有限的；而管理一旦制度化就变得僵硬，用死的东西去管活的人不一定有效。所以管理者应该尝试站在人性化的角度去理解，探索人们行动背后真正的动力源泉，从员工崇尚荣誉的原动力出发，鼓励员工追求其精神世界的满足，创造自身价值。

第四章
读懂对手——洽谈有招

看上去十分平常又微不足道的动作,其实会反映一个人的内心活动,而这一活动就是对方判断这个人的依据。所以在洽谈之时,一定要注重自己的一言一行,同时注意对方的各种行为(也许就隐藏着他内心活动的变化),有利于洽谈的成功。面对不同洽谈对象,要有策略,通过眼睛看懂对方的各种肢体语言,从而转化为你猜测的对方的心理变化,懂得适"时"而止。

1. 谈话时眼睛向上看的人,问题最犀利

在进行谈话时,有一种人是最有主见、最让对手难以把握的,这种人便是眼睛总是向上看的人。这种人在谈话的时候总是会把自己的意愿看得很重要,并片面地强调自己的利益,而他们由于在事前就对所需要洽谈的问题已经进行了详细而又周全的研究,并早已想好了各种需要了解与提问的问题,所以这些人在洽谈时总是会提问一些非常犀利的问题。想要与这种内心骄傲的人进行友好的洽谈,并在洽谈中最大效度地保证自己的利益,就要在事前对对方作出详细的了解,把握谈判的重点,将主动权放在自己的手中。

与骄傲的人谈判不能示弱

眼睛总向上看是骄傲者的一种外在表现,这种人往往会提出一些让人无法应对的问题。在与眼睛总是向上看的人进行谈判的时候,最忌讳的事情便是向对方示弱。如果听到对方提出了某些比较敏感的问题,进而向其示弱,那么这次洽谈还未结束,自己便在气势上输给对方了。

公司有一笔非常大的业务交给了业务部的精英赵前去处理,同事们都很羡慕赵前,如果把这笔业务拿下来,整年的业绩量就不用担心了。但是赵前却在心底并不打算接受这份工作。他曾经见过对方的客户经理，那是个非常骄傲的女人，不知道在商场中滚打了多少年。与人交流时，她的眼睛会时不时地往上看一下。多年的谈判经验使得她变成了在商场上所向披靡的女强人。

面对这样一个女人，同样是销售精英的赵前便逊色多了：来到业务部不过才两年的时间，虽然业绩量在整个业务部是拔尖的，但是与对方相比，他缺少随机应变的机灵与丰富的经验。这样的任务交到赵前手中，他实在是有些胆战心惊。

这种情绪一直影响着赵前，到了洽谈那天，他还没有调整好。虽然公司已经告诉他，这个客户必须拿下，但是赵前心里还是没有多少底。谈判时，对方好像看出了赵前的情绪，在开场之前就给了赵前一个下马威。她询问赵前，为什么从前与她谈判的经理离职了。赵前无法回答，因为经理的离职完全是因为有竞争对手来挖了墙角，他在走的时候还带走了一大批的优秀员工。而那次的事情整个业内都是知道的，女人作为主要的合作者，这种事情不可能不知道。故意问这种问题，很明显是让赵前在洽谈之前就产生心理负担。

在谈判中，女人面对明显能力低于她的赵前，时不时地把眼睛向上看一下。她越是这样，赵前就越感觉如坐针毡，而且越对业务没有信心。途中，女人不断地把谈判的价格与赵前所在公司的缺点一一列举，她还对赵前讲述了其他合作者的优点，并声称，如果赵前坚持这样的价格，她们就准备换另一家公司合作。但是赵前所提供的价格已经是公司的底线了，如果再继续降价，赵前便很可能会担上使公司亏损的后果。对于赵前来说，这种关乎整个公司利益的事情他是无权决定的。于是，洽谈就在女人的强硬要求之下结束了，赵前明显感觉到，女人在离开的时候，眼睛根本没有看他，而是一直在往上看。他的自信心受到了极大的挫败感。

虽然在事后，公司老总亲自出现与对方进行了谈判，并安慰赵前这次事情他没有任何责任，但是赵前还是感觉到了由于自己的失败给公司带来的损失。

洽谈中，双方存在着一定的合作关系，但也要保证各自的利益，这样才能使洽谈继续下去。但是在谈判桌上，如果自己面对的是个眼睛总向上看的骄傲者，便很容易被对方的犀利问题所难倒。就像故事中的赵前，由于对对手的不了解与不知如何应对，导致了最后的失败。要想避免这种情况的发生，就要在事前及时采取措施。

如何应对骄傲者

在面对骄傲的谈判者时，想要获得成功，使自己的利益最大化，事先做好功课是一项非常重要的事情。与骄傲的人进行沟通，就要在事前了解一下对手的谈判特点，知道对方最喜欢拿什么事情来作为骄傲的资本。而与骄傲的人进行沟通的时候，一定要先想清楚自己是为什么坐到谈判桌前的，是为了解决怎样的问题来到这里的，而自己最想要得到的结果又是什么。

在面对对方的犀利问题时，一定要站稳脚跟，不要被那些问题干扰到。如果对方的问题与谈判无关，只是纯粹为了影响自己的情绪，那就要义正严辞地告诉对方，这种话题与解决问题并没有什么好处。就像上面故事中的赵前一样，对方女经理在询问从前的谈判对象的离职原因时，他完全可以巧妙地避开这个话题，使自己占于主动的位置。但他却被对方的气势所吓倒，从而使自己在洽谈还没有开始就已经先吃了亏，这势必使自己在心理上占下风，对后面的谈判不利。

面对强硬的洽谈对象，一定要注意不要让对方的态度扰乱了自己的沟通目标，自己可以赞同对方的某些观点，而且如果没有把握，一定不要轻易地对对方的各种观点进行反驳，而最好以"是……如果……"这样的沟通方式来进行表面的妥协。一旦对方提出了某些对洽谈和双方利益并无好处的问题时，便及时出击，使自己占到上风，从而避免因为对方犀利的问题总是使自己处于不利的局面。

骄傲的人都希望而且喜欢别人对他所提出的问题表示肯定，在与之洽谈时，自己也不妨先表示肯定其意愿，并在肯定的过程中提出自己的担心与考虑，从而达到既表达了自己的真实意愿，又征求了对方意见的最终目的。而这种情况之下，由于自己并没有示弱，两者在某种程度上达到了势力均衡的目的，一般都会使洽谈顺利进行下去。

> 眼睛总是向上看的人在内心深处都非常自我，他们希望得到别人的肯定，并且把自身的荣誉看得极为重要，他们在提问犀利问题的时候，其实也正是另一种程度上的示弱，因为怕对方抓到自己的任何弱点大做文章，所以在与这种人谈判的时候，一定要重视事前的功课，了解其洽谈特点，并根据其特点做出针对性的各种措施。尽量在谈判的过程将话题围绕在两者共同存在的利益上面，这样才能使自己在谈判中不被他人所操纵，拥有主动权才是洽谈成功的重点所在，而与眼睛向上看的人谈判，主动权更为重要，一定要紧紧把握。

2. 总是清喉咙的人，会因压力而逃离

心理学家曾经做过这样一个研究：对一群人的处事方法进行测试，结果证明，那些在讲话的过程中总是不停地清喉咙的人，心理状态最不好，是最容易被压力压塌的一群人。这种人不仅承受能力差，在工作与处理各种事务的时候，也会因为紧张而不停地清喉咙，而这一举动不仅反映出了其内心变化的情况，更是显示出了其自身马上就要因为谈话的紧张与无法把握而主动放弃的最后结果。

经常清喉咙者易对付

人在紧张的时候有很多的表现，如不停地做各种小动作、不停地乱动、总是清喉咙等。而经常清喉咙者是最容易紧张的人群，如果在洽谈的过程中发现对方有这样的人存在，那么你便可以放下心来，只需要把握住洽谈的重点，使主动权掌握在自己的手中，让对方感觉到紧张，胜利便会稳握在手中了。

张杰是一家公司的经理，他在一次查账的时候发现分公司的账目存在很大的问题。能够接触到公司钱财的只有三个人、分公司经理、会计、出纳。这三个人联合起来做手脚的事情不太可能发生，因为张杰本身就是为了防止账目出问题，才派了与会计并不太合得来的出纳到分公司去的。而这三个人中，最有可能出现问题的便是分公司的经理了。但这是一个老油条，他不仅心机非常深，而且做起事情来滴水不露，想要从他那里知道任何关于账目的事情，比登天还难。

张杰正在为难，秘书给他出了一个主意：反正问题肯定是出在三个人中的一个，不如干脆坦白告诉他们三人，看谁最容易紧张，然后将这个人单独找出来进行谈话，事情肯定会水落石出的。张杰感觉到秘书的想法很有可行性，便将三人一起叫到了总公司之中。在坦白告诉三人公司的账目上出现了十几万的亏损，而问题肯定是出在三人中的一个上时，张杰发现三人的面部表情各有不同：分公司的经理一脸的正义，好像与他无关；而会计则不停地清喉咙，显得很紧张；出纳则一副局外人的样子，只是静静地听着。张杰根据三人的表现，便让他们回去了。

到了晚上，张杰将会计一人单独叫了出来。他与对方推心置腹地聊了很久，然后告诉会计，现在账目出了问题，三人都可能有问题，但是如果能够勇敢承认错误的话，张杰便不会对他提起法律诉讼，而如果知情不报的话，很可能会受到连带。会计一边不停地清理喉咙，一边默默地听着。

在张杰的诚恳与有分量的话语间，会计终于吐露了真实情况：分公司的经理以各种理由分三次从他那里提走了十万块钱，然后又以各种名义先后塞给了他与出纳各一万元钱，出纳将钱收了下来，但会计在半夜又偷偷地将钱放回了公司。

在知道了真实的情况之后，张杰报了案，并将分公司的经理与出纳一同辞退，留用了会计一人。之所以留下他，张杰解释说，这种容易紧张的人是最好对付的人，也是最听上司指挥的人，做财务最合适。

清喉咙是心理紧张在行为上的一种外在表现，而这种外在表现不

仅可以帮助人缓解紧张情绪，更是透露一个人内心行为的一种办法。所以如果在处理问题或者进行洽谈的时候发现了这种总是清理喉咙的人，自己便可以放下心来，因为紧张的人是最容易对付的一种人，这种人的各种行为往往已经将真实的想法透露给别人了。

如何让自己远离紧张情绪

洽谈时，如果遇到了容易紧张的人自然是好事，这证明了自己的谈判将会非常顺利。但是如果自己是那个容易紧张的人，则很容易因为自身的过分紧张将情绪透露给对手，使自己在谈判的过程失掉主动权，处于下风。虽然紧张并非坏事，在应对外界的各种刺激与困难的时候，有了紧张情绪作为基础，便能产生应对困难的力量，但是持续性的紧张却可以使自己失去有利时机，并严重地破坏人体内部平衡，从而直接导致疾病的产生。

精神上的紧张一般可以分为较弱性的紧张、适度的紧张、加强的紧张三种，而不停地清理喉咙已经非常明显成为了第三种加强性的紧张。这种紧张会使人产生容易急躁、冲动、恼怒等各种负面影响。而要想有效地消除紧张的心理，从根本上来说要降低对自己的要求。在竞争激烈的现代社会，人们总是要求自己将事事都做到尽善尽美，这种自我要求是好的，但如果无法达到，则很容易让自己陷入紧张的情绪之中。最好认清自身能力与精力的最大承受能力，放低对自己的要求。与人交流的过程多往好处想，不要总是让自己想着"如果失败了怎么样"之类的话题。因为这些话题不仅对缓解紧张无益，还会使人陷入不停的紧张情绪之中。

当自己已经出现了清喉咙的举动时，很多人喜欢进行自我安慰，告诉自己："不要紧张，这只是一次洽谈，没有什么大不了的。"这种举动不仅不会缓解紧张情绪，反而会令人感觉到更加不安，因为

"情绪如潮，越堵越高"。只有让自己坦然地接受紧张情绪，并将其认为是一种正常的压力宣泄途径，并体验它进而接受它，并在这一过程中训练自己像一个局外人一样接受现在的情绪，不能让自己陷入其中。正视并接受紧张的情绪给自己带来的好处与坏处，坦然而从容地进行应对，使自己的行为变得有条理起来，是紧张者最应该采取的应对办法。

久经商战的精英人士总是能在瞬间抓住对方的缺点，并根据这一缺点调整自己的洽谈方法。在目光如炬的谈判桌上，总是清理喉咙无疑是将自己的不良情绪暴露给了对方，而这一宣泄压力的方法不仅不会使当事人感觉到放松，反而会加深其紧张情绪。只有让自己学会正视紧张这一负面情绪，并尝试去接受它，才能使它不成为损害自己的情绪宣泄途径，从而也避免了自己成为竞争对手的突破口。

3. 谈话慢半拍的人通常心不在焉

日常的谈话中，很多人都会发现在自己正讲得激情四射的时候，别人却表现得非常无所谓，经常是自己问一句，但对方却总是慢半拍才会回应。如果在进行重要事务的谈判时出现了这种情况，只能证明一种情况：你的话题无法引起对方的兴趣，面对你的演讲对方已经厌倦，但是出于礼貌，他没有提出来反对意见，只是大脑早已经不在你的谈话内容上面，跑到了别的地方。而这种情况的出现，完全是洽谈者自己没有把握谈判重点，总是将对话维持在对方无法注意的话题上而造成的。

无法引起共鸣的洽谈是失败的

通常情况下，不管是在进行各项重要事务的洽谈还是在进行日常的聊天，当事人的说话无非是维持在双方都感兴趣的角度之上。因为洽谈的目的是在于有效的沟通，如果讲话者无法尽量简洁而又真实地表达自己的想法与意图，并在这一过程中考虑到对方的真实想法，而是单纯地站在自己的角度去阐述问题，只能使对方对这场谈话产生厌倦感觉，从而发生谈话的过程，对方总是慢半拍的事情出现。

小王受公司的指派，到一家合作单位去向对方讲述下一步的合作计划。他信心满满，因为在接到任务之后，自己已经做好了充分的思想准备，并将自己的所有想法整理好，做成了各种各样的文档与幻灯片。在去演讲之前，他还在家中试讲了很多次，所以对这一任务，他完全抱着"必定成功"的心理。

到了对方的公司之后，他们向小王表达了自己的感激与欢迎，接下来便请出了今天听演讲的五位中层主管。所有人到场之后，小王便将自己的电脑打开，使用多种办公软件将自己的想法进行了阐述，并对双方合作过程中有可能会出现的各种问题做出了详尽而又细致的阐述。在演讲的过程，小王曾经向几位主管提问，但对方的回答明显得有些慢半拍，甚至有个人答的与问题根本没有关联。小王很是不满：自己准备了这么久，特地赶到这里来向他们讲述下一步的合作计划，他们怎么能这么忽视自己的工作？

这场演讲就在这种不和谐的气氛中完成了，小王在向自己的上司汇报演讲情况的时候，告诉上司对方非常不懂得尊重自己，而且每个人都没有仔细地听，是不是对方的合作意向并不强烈呢？上司也很奇怪，因为这一合作单位是早就签过合同的，为什么还会出现这种情况呢？上司准备打电话向对方进行询问。

下午，小王却受到了上司的批评，因为上司说问题根本不在别人，而是在小王的演讲内容。他重新审视了一下之后，说小王所准备的资料全部都是站在了自己公司的角度去阐述的，而对对方公司所能获得的利益、所有可能遇到的风险只字未提。对方的主管主要就是去听自己公司在合作过程中所有可能出现的问题，以便于日后采取措施的，而小王的演讲明显与别人的目的不同，怎么可能会引起别人的注意呢。小王这才反应过来，为什么别人会对自己的提问慢半拍。

很多人都会在谈话的过程犯下小王的错误，这些人只是一味地向别人说着自己有兴趣的话题，但是却忘记了洽谈的目的是在于使双方

的利益最大化,单纯地侧重于一方的利益,忽略他人的感受,势必使谈话的过程变得无趣起来,而别人在回答你所提出的问题时慢半拍也就不足为奇了。

如何在洽谈的过程中吸引对方不走神

在洽谈时,一定要注意条理的清晰度,主旨一定要明确,内容也一定要与双方所共同关心的问题有关。一场有条不紊的谈话不仅会使人很容易理会讲话者的意思,而且还能产生一种共鸣,从而引起两个人的注意。但是如果讲话者始终语无伦次,而且中心意思非常不清晰,便很容易会使听者产生厌倦之心。洽谈的目的决定了任何谈话都有其中心思想在里面,只有中心思想明确下来的人,才能使谈话更具有趣味性。

现实生活中很多人都很讨厌开大会,因为每次一开会,无不例外地都是几位领导轮番上台讲话,所讲内容也大致相同,这些被几个领导翻来覆去地进行讲述的内容,怎么可能引起别人的同鸣呢?所以在谈话的时候一定要注意,不要使话题重复,主旨一定要明确。

在洽谈的过程,一定要在事前算计一下到底有多少双方都需要关注的问题与内容,更需要做到事前有准备,将各个内容进行连串,使其具有中心性,并要在谈话的过程注意观察别人的表情。如果对方表现出不耐烦或者不想听的表情时,便是意味着这一话题应该结束了,讲话者最好转换下一话题。

很多人在谈话的时候听到了别人发表不同的意见,便与对方辩论。而这种谈话通常会因为两人的意见不和而造成种种矛盾的出现,为以后的合作埋下隐患。在听到别人的不同意见时,最好先表示赞同,然后将自己的想法告诉对方,从而使其了解自己的真实想法与其想法的可行性与不妥当所在。一味地进行辩论只会使矛盾加深,对洽谈毫无益处。

在参加某些重要的洽谈时，一定要在事前想一下，怎样才能在谈话的过程中吸引对方的注意力，使其对自己所讲的话题有兴趣，以及如何才能进一步地加强谈话效果。因为在洽谈的过程中，每个人所处的位置不同，对同一件事物的理解与领会也会有着很大的差别存在。因此，在进行洽谈的时候，应该针对不同的问题与对象作出一些相应的转变，掌握一些必需的谈话技巧以加强双方的谈话效果。

4. 紧握拳头的人，打心眼里讨厌你

人的内在心理往往会通过各种各样的小动作表现出来，就像心情紧张的人喜欢不停地清喉咙一样，一个从心眼里讨厌你的人在你与他谈话的过程，也会在行动上表现出这种厌恶与不耐烦，而这种不耐烦往往是由一个下意识的动作——紧握拳头表现出来的。在这种情况之下，最好不要表达自己的不满，否则很可能会引起各种本可避免的争端，而处理这种事情时，最好的办法莫过于迅速传达自己的意思，将谈话在最短的时间内达到最好的效果。

小心那些对你紧握拳头的人

有时候，为了工作或者其他方面的需要，我们不得不与某些曾经发生过争执或者互相没有好感的人进行谈话。但这种谈话通常是在尴尬的境地中进行的：双方都对彼此没有好感，但又不得不进行这场谈话。在这种谈话过程中如果不注意技巧与时间的把握，很可能会使原本就存在的矛盾进一步加深。

小清所在的公司气氛非常好，同事之间从来没有发生过争吵之类的事情，偶尔会有个别人发一些牢骚，但是在这种大氛围之下，他们也不好公然地表达对别人的不满。小清一直以为这种情况会一直持续下去，却没有想到这段时间遇到了一件让她苦恼不已的事情，办公室的气氛变得微妙起来。

小清在刚刚来的时候，曾经指出一个老员工刘梅的数据错误。小清认为自己做了应该做的事情，如果上报到税务局，很可能会使公司陷入偷税漏税的怀疑之中。当时刘梅也是表现得非常和蔼，还连声对她表示感谢。她也为自己办了一件好事而开心，但周围却有同事私下里让小清防备着刘梅，这是一个报复心非常强的女人，这次小清指出了她的错误，下一次不知道她会怎么报复小清呢。但小清却没有往心里去，她感觉都是同事，谁还没有个出错的时候，自己出错了巴不得别人指出来呢，难道告诉她也算是错误吗？

在一次开完会之后，小清被经理叫到了办公室里，他将小清任命为某个项目的主管，而下属的组员中就有刘梅。在向下属布置任务的时候，小清发现了平时被自己忽视的细节：刘梅总是保持着双拳紧握的姿势。此后几次大家一起讨论时，小清只要一发言，刘梅的拳头就会不自觉地握起来。这个发现让小清对同事的说法有了几分相信，但是任务总是要一起完成的，她只好与刘梅维持着表面的和气。

刘梅又犯了数据错误，而小清身为主管，肯定是要对此事进行评说的。在一次集体会议上，小清提起了此事，并指出刘梅的数据错误太多。但刘梅竟然当场与小清吵了起来，她脸上的表情让小清非常后怕，她不知道自己怎么会让刘梅生了这么大气。在日后的交往中，两人干脆撕破了脸皮，谁也不再理谁，有什么事也是通过其他的同事传递。

在进行洽谈的过程中对你紧握拳头的人肯定不会像表面上表现得那般热情而专注，其内心可能一直在压抑自己真实的想法：现在并不想听你的讲话，而是想将紧握的拳头挥到你的脸上！这种表里不一的人让人感觉到可怕，却又不知如何面对，如果这种洽谈的过程又是必需而不可或缺的话，很多人都会为难：到底是与之继续谈话，还是干脆让其将真实想法透露出来呢？其实最好的办法并非让其将情绪发泄出来，而是尽快结束你们之间的谈话，让他的怒火无处可发。

如何与讨厌的人进行洽谈

人非圣贤，孰能无过。这句古话一针见血地指出了人的弱点：人

不是神仙,无法做到十全十美。普通人都会在各种各样的交际过程中遇到自己不喜欢或者不喜欢自己的人。哪怕为人再如何圆滑、再如何平和善良,也总是会存在某些人看自己不顺眼的现象。而这一现象便是人性最为微妙的地方。而在现代社会,人与人之间的交流已经成为一种艺术,其中所蕴含的学问与知识无穷无尽。每一个人都在努力地使自己成为洽谈时众人信服与瞩目的焦点,但是事实总是会有所有缺憾,而如何能与讨厌自己或自己讨厌的人进行洽谈便成了摆在现实生活中一个迫切需要解决的问题。

如果两个人的矛盾存在已久,那在遇到了摩擦和争执的时候便很容易引发争吵,而最后的结果很容易造成两败俱伤,这样对谁都毫无好处可言。但是如果在洽谈的过程中有一方可以在矛盾中及时退让,愿意去扮演那个弱者,那么便可以避免双方发生争执。

如果两人只是暗中较劲,并没有实际的表现,只是私下里很讨厌对方,在洽谈的时候最好将自己的想法简单而又精确地叙述出来,使自己的谈话尽量避免个人意见与对对方的不满在里面。然后尽量以友善的态度来结束这场谈话。这样虽然对两人的关系没有缓解之意,但是至少可以使双方的矛盾一直潜于水下。

洽谈时,尽量站在对方的角度上去思考问题,多看到对方的优点,不要去想他的缺点,使自己变得宽容起来。能够少说的事情与有可能会引发争执的话题最好少提或不提,在谈话的过程尽量尊重对方,不要试图以硬碰硬的方式来解决两人之间的矛盾,那样只会将矛盾激化。

> 现代社会又被人称为人际交往的社会,很多人都在尽其所能为自己营造一个合理而具有较强实用性的人际关系网。但是各种人际矛盾也确实存在于交往之中无法避免,而紧握拳头就是内心不满的最直接表现。当与讨厌自己的人进行洽谈成为一种必须时,学会让自己尊重并坦然面对对方,将谈话内容最大程度地简单化、直接化,使对方的不满情绪没有可以发泄的途径,才能够保持对话的顺利进行。

5. 让不停抓耳挠腮的人先说话

生活中总有一些人表现得非常积极，他们干什么事情都喜欢冲在最前头、谈话的时候也喜欢第一个发言，当这些急性子的人无法将内心的想法表达出来时，他们便会不停地抓耳挠腮，坐立不安。在洽谈的过程中，这类人是使洽谈气氛变得有趣而又活跃的一类人，但同时也是最没有忍耐力的人。洽谈中如果有这种人存在，最好让对方先讲话，才能保证洽谈不会被时时打断，影响与他人的谈话效果。

性子急者先发言

很多善于营造洽谈气氛的人在开始谈话之后，都会选择让不停抓耳挠腮的人先讲话，因为这种人的性情往往都非常急躁，如果不让其及时说出心中的想法，很可能会使整个会谈过程都显得非常杂乱无章。性子急者先发言，是一种调节会谈气氛的好方法。

钱经理决定在公司召开一个大型的员工会议，因为近期员工们的工作积极性都不是太高，而且还出现了很多员工不打辞职报告便离职的现象。这让钱经理很困惑，是不是公司的经营出了什么问题呢？为了解开自己的困惑，他将会议的主题定为让员工们对公司以后的发展做一下自我展望，并对自己近一段时间的工作做出概括与总结。

会议如期举行了，但是会议刚刚开始的时候却没有人愿意发言。钱经理面对属下的沉默感觉到了一丝尴尬，他也是曾经做过员工的人，他知道，员工是害怕上级在套取他们的话，怕日后搞秋后算账那一套。他便重申了一下会议的主要目的：为了进一步明确公司日后的发展，并使上级领导更明白下属的工作效率情况，这才召开了这次会议。

在钱经理的点名之中，员工们开始一个个地表达自己的意见。气氛有些活跃了之后，大部分的员工都准备讲话，一时间显得有些乱糟糟的。钱经理观察到在众多的人里面，有几个员工表现得很积极，但是总是轮不上他们发言，这些人一直在不停地抓耳挠腮。在别的员工正在演讲的时候，这些员工总是在私下里打断别人的讲话，从而影响到了整个会议的进度。钱经理决定让这些人先发言。

在一个员工讲完自己的想法之后，他表示了赞同，然后便点了刚刚表现得很积极的那几个人。在他们发表了自己的意见之后，钱经理发现这些人还是很有见地的，他们不仅指出了近期员工大量流失的真实原因，而且还将自己的想法传递了出来，并且指出了公司在员工管理方面的优点与不足之处。他们告之钱经理说，员工流失的主要问题便在于此。这些人的发言很主动，只不过在谈吐方面还略有不足，显得不够稳重。在他们一个个的发言完毕之后，整个会场的氛围顿时被调动了起来，很多原来没有打算发言的人也纷纷站起来表达自己的意见。

事后，钱经理通过这次会议所谈论的重点问题与员工们所关心的主要问题进行了总结，发现那几个性子比较急的人所提出的各种意见与建议都有很强的可行性，而且在他们的带动之下，整个会议显得很流畅。钱经理通过这件事，总结了一条经验：以后开会，还是要让那些总是抓耳挠腮的人先发言。

一般在会场上表现出抓耳挠腮者都非常性急,而这种人喜欢有话直说,做起事情来通常表现得非常浮躁,没有恒心,而脾气大也是他们的一种表现。由于缺少应有的安稳心理,所以这种人在会场上喜欢带有盲动性地进行发言。这种人在内心深处容易表现出希望其他与会者对他表示重视,否则很容易坐立不安,进而影响到整个会议的进行。

如何避免与抓耳挠腮者发生争执

在洽谈的过程中很多人表现出急躁的心理,而这种心理的存在很容易使对手看到可乘之机,从而造成失误的发生。一般情况之下,性情急躁的人在参与各种事项的讨论时,最大的特点是容易因为小事而心生兴奋,也很容易被别人的轻视所激怒。他们的自我控制能力非常差,总是动不动就让自己处于发火的状态之下,甚至有时候会与别人发生各种争斗。如何才能使自己与这种人进行洽谈是很多人的困惑。

在遇到了性情比较急躁的人时,一定要让自己保持宽宏大量,对这种人最好的方法让其将心中所想的事情全部说出,然后再发表自己的意见。由于性情比较急躁,他们会时不时地打断别人的话,以阐述自己的想法,如果被这种人所打断,一定要抱着平静的心态,让自己泰然处之。宽容对待不仅可以使自己摆脱被人打断讲话所带来的尴尬,而且还能使对方知难而退,从而使事态的发展更加顺利。

当性格急躁者突然向自己发难时,如果自己恰好也是个急脾气,最好压住心头的火气,选择平静对待。因为两个急躁者很容易会引发争端,而这种争端于洽谈是没有任何好处的,只有暂时的忍让才能使谈话继续下去。在细心地聆听了对方的意见与建议之后,再将自己的想法告之对方,这样才能赢得对方的信任。

性格比较急躁的人在参加洽谈的时候很可能会讲出一些不太合时

宜的话，因为他们心中一心只是想着目标的达成，而忘记了迂回的办法。所以一旦遇到这种口无遮拦的人，务必让自己的心态摆正。这种人是对事不对人，有什么说错与冒犯自己的地方也不需要特别地记在心里。

生活中遇到事情喜欢抓耳挠腮的人不在少数，这类人的脾气都比较急，而且性格较为耿直，说话不会拐弯抹角。与这类人洽谈的过程中，一定要让自己学会察言观色，避免与他们发生争执。最好让这类人先将自己的意见讲出来，然后再供大家讨论。当抓耳挠腮者将自己的真实想法说出来了之后，他们便会安静下来，洽谈也就能在平和的气氛中继续下去了。

6. 不要小看双手叉腰的人

我们在生活中很容易发现有些人特别喜欢将双手叉于腰间，而且这类人往往是在某一领域中有着一席之地的重要人物。如果在进行洽谈的过程中遇到了这样的人，一定要加以足够的重视，因为这种人的存在往往是一种警示，它在无声之中提醒了你：强劲的对手出现了！他也许比你表现得更为专业！想要赢得洽谈的主动权吗？想要在洽谈中争取到自己的利益吗？那你就要提高警惕了！

洽谈过程中重视双手叉腰者

洽谈是为了赢得利益而进行的，特别是在赚钱变得越来越难的当代社会中，很多人都已经开始学会将成本降到最低，从而使自己的利益最大化。行业日益细分化的今天，很多的销售人员都需要花很大代价之后才能赢得一笔几万块钱的订单，但是在进行洽谈的时候，很可能动动嘴便能多出更多的可观利润，所以很多公司都非常重视合作伙伴之间的洽谈，而且在洽谈的时候经常派出一些精英分子来参与。

王欣是一家公司的新进人员，由于表现突出被领导视为重点培养对象。为了提高她的业务能力，上级便指派了一位李经理带领她尽快了解公司的各种业务。这天李经理带她去布置会场，并告诉她，今天会有很重要的客户到公司里来，而且对方为了使自己获利更高，派了

几名谈判高手过来。而王欣在这次会议中的主要任务就是坐在一边做工作记录，并要在事后将自己的所见所闻以报告的形式呈给他。王欣感觉这个要求很奇怪，因为会议一向有专人做记录，而自己是学商务谈判的，为什么让自己来做会议记录呢？经理告诉她，这是为了让她见识一下什么叫真正的谈判高手。

客户代表在预定的时间中到达了会场，而王欣发现里面有一个男人显得很有气势，而且他的习惯性动作是双手叉腰。她认为这便是对方公司中所派来的最重要的谈判高手，而接下来的会议进一步的印证了王欣的看法。

会议开始之后，对方便将自己所占有的优势与王欣所在公司的劣势明明白白地陈述了出来，而且还列举了大量的数据，其中包括与王欣公司一直保持竞争关系的几家大型公司所提供的商品报价，而中间的男人却一直没有发言。王欣的经理笑着告诉对方，他们所提供的数据并不是最新的，经过了全球性的经济危机之后，各个公司的报价都有所波动，而且根据市场价格来说，自己公司所提供的报价已经是在最大程度上的让利了。

面对经理条理清晰的陈述，对方有些显得语塞，这时，那个男人站了起来，而且做出了他的习惯性动作：双手叉腰。他将自己公司所有可能合作的公司名单列了出来，并将对方的报价告诉了经理，而且说出了对手所提供的优势：在未来的五年中，如果自己与别人合作，将会使出厂的产品价格比市场价降低好几个百分点，如果王欣公司无法降价，他们只好另寻供应商。这个男人所列举的公司全部都是在这一行业中非常具有竞争力的，经理只好做出了相应的让步。

王欣在事后总结这次会议时，特别注明了一句话：那些真正具有实力的谈判高手往往会在最关键的时刻讲出自己的想法，而且他们总是有着一种下意识的行动：双手叉腰。

真正在洽谈中能够做到使对方信服的谈判高手往往都有着非常专业的知识做基础，而这种人由于内心的极度自信，往往会在行动上也表现得非常自信，他们会表现出骄傲得让人无法忽视的气质，并做出一些表明自己实力的下意识动作，而双手叉腰就是这一类人经常会采用的动作。

如何应对双手叉腰者

洽谈是一项非常复杂的人类交际行为，这一行为表现在洽谈的双方语言、行为与心理等各方面的互动来实现多方面的交流。从某种意义上来说，洽谈可以看作是人类进行交流的众多方式中最严肃也最具有趣味的一种行为，因为双方都会为了自己的利益而努力去阐述自己所占有的优势。美国某一谈判专家曾经说过，谈判实际上是一个"在合作中寻求最大的利己主义"的过程。

既然存在共同的利益，就要去赢得对方的信任，从而使洽谈可以在和谐的氛围中继续下去。而在面对一个有经验、有实力的洽谈高手时，一定要将自己的真实意图隐藏起来，不被对方所察觉。一个久经洽谈场合的专家总是会在最后一刻将自己的底牌亮出来，在这之前，他们只是运用一些可能会达到目的手段去维持自己的说法。如果在面对这种洽谈高手时，没有把握好自己的情绪，从而使对方感觉到自己的底气明显不足，便很容易为自己留下隐患，而这种底气不足便会成为对方所攻击的弱点。

在谈判的过程中，一定不能让对方感觉到自己的敌意与不信任。大家之所以能够坐在一起针对某一项目或者事务进行洽谈，就是因为这一事务或项目中有两者共同的利益。坐在一起进行洽谈只不过是想在合作的基础上使各自的利益得到最大化，如果用怀有敌意与不信任的态度对待对方，那些实力强的洽谈高手便会察觉到，进而对整个谈

话的气氛蒙上阴影。只有把握自己的情绪，尽量让自己显得友善，使自己不为对方的一些负面情绪所影响，才能够让洽谈顺利进行。

洽谈高手一般都会抱着将洽谈看作是一种寻求"共赢"的过程，而非决定最终胜负与"你死我活"的利益之争，所以在面对他们时，自己也要表现出一种在互相理解与合作中寻找共同点的态度，在心中带着寸利必争的信念，要记住自己每一寸的退让都有可能成为对手进一步扩大其利益的底基，但这种心理不要轻易被对方所察觉。因为对方本身的实力就高于自己，如果让他们感觉到自己对利益看得太重的话，他们也会奋起保卫自身的利益。而在这种两者都不想退让的竞争氛围之中，洽谈很难继续下去。

一个经常双手叉腰的人必定拥有着他引以为傲的资本，所以才会在行为上表现出"双手叉腰"这样的自信举动。这不仅为自己提了个醒：一定要重视对手，更是一种警示，警示自己需要提升各方面的能力，否则很可能会在未来某一刻成为对方的手下败将。如果小看对方的实力，或者在洽谈的过程向对方表示了轻视，很可能会使自己陷入谈判困境之中。

7. 坐姿开放的人心中早有定数

从心理学的角度来说，人的每一个动作都与其内心变化有着很大的关联，而在进行洽谈的过程中，人的坐姿也是可以反映出一个人内心心理变化的：轻轻坐下的人心情一定非常平和而又谨慎，重重坐下者心情一定非常烦躁。双腿不断进行碰撞或者不断拍打双腿的人内心一定非常不安，或者正在思考应对措施，而一个以开放的坐姿面对别人的人，其内心深处肯定早已经对这场洽谈有了定数了。

在坐姿中看出对方的真实想法

在洽谈的过程中，坐姿可以直接反映一个人对待洽谈的态度与内心的真实想法。而一个坐姿开放的与会人员在内心其实已经对面前所需要应对的事情有了自己的看法，之所以还在听别人继续讲话，是因为他还在考虑一些另外的事情，而他心中所想的这些事情无一例外与面前的谈话有关。

二十多年前，老张大学毕业之后进入了一家大型的国有企业担任技术员。他一直老实而又本分地做着自己的本职工作。在这二十多年间，老张由一个年轻的小伙子变成了现在办事说话都非常沉稳的中年人。虽然一直专注于自己的工作，但是随着"国有企业改制"的政

策出台，老张原本平静的工作被打破了：公司的改制使得他所在的国有企业性质发生了变化，由国有制转变成了私有制。这是一件好事，但对于老张来说，却是一件不大不小的坏事，因为他被外派了。

公司的老总找到了正在搞技术的老张，让他作为公司的外派人员去一家小企业进行协作。老张人比较老实，他没有想那么多，搬着自己的东西便去了那家小企业。当时领导承诺的是三个月之后便将老张重新调回来，但是半年多过去了，老张却一直没有接到让其回到原单位的电话。

老张心里有些纳闷了，他琢磨着是不是领导忘记了，便回到了原单位中进行询问。谁知到了自己的办公室里赫然坐着一个陌生人，他便找到领导理论。领导只是躺在宽大的老板椅上面对着喋喋不休的老张不停地微笑点头。等到老张说完了之后，领导便询问他："现在单位给你发的工资每个月是多少呢？"老张不知道他为什么问这个问题，便回答说："现在发的每个月三千。""那你在咱们单位里工资是多少？""每个月加奖金最多也不过是两千。"领导笑了："那现在单位的工资那么好，你为什么还想要回到原单位呢？"老张想了一下说："原单位再怎么说是国属企业，就算改制了还是感觉有安全感，再说了在原单位都熟悉了，不想换到新单位里。虽然那边的待遇好点，但我还是希望回到原单位。"

面对老张的回答，领导只好对他说了实话：当初派他去民营企业并非是外派，而是那一企业在今年年底就会被公司所收购，之所以派老张过去是看他工作非常老实，而且人又勤恳，所以希望他能在那边先做好基础，等到以后公司收购了，老张是要做管理层的。老张这才明白过来为什么领导对他的询问采取了那样的态度，原来他的心里早就有想法了。

故事中的老张是幸运的，他的洽谈过程非常顺利，虽然调离了原单位，但是却拥有了新的职位与待遇。而老张之所以会在最后才发觉领导心中早就有数，其原因就是他忽略了领导的坐姿：一个以开放性的坐姿对待别人的人，心中对别人所提问的问题早就想好了应对的方法，而且也不会轻易地改变自己的决定。

如何应对坐姿开放的人

洽谈过程中，如果发现对方的坐姿随着洽谈的深入进行已经慢慢地发生了改变的话，最好对其坐姿加以观察，因为不同的坐姿有着不同的含义，而一个以开放性坐姿面对别人的谈判者，其内心已经做好了决定。遇到这种事情时，一定要想方设法将对方的真实想法套出来，否则很容易使自己在失去了会议主动权的同时，陷入别人的玩弄之中。

在发现对方只是保持了听的姿态，并一言不发地以开放性的坐姿来面对自己时，其实已经是在告诉自己：不要再说了，我已经稳操胜券了。这种时候，一定要学会让自己冷静下来，分析是否是在谈判的过程中，自己所在一方哪里出了问题，才让对方有了这种必胜的心理。找到了原因之后，再分析一下是否还有补救的可能性。如果有的话，一定要抓住这最后的机会，不要再让对方有可乘之机。适时地提出一些有分量而又对双方都有好处的建议来进行探讨，并尽量在探讨的过程中试探对方的口风，把对方的底牌给摸透，如此一来可能还会有胜利的转机。

如果已经可以确定胜利属于对手的话，最好平静下来，接受这样的结果，一味地沉浸于失利的谈判只会让自己陷入被对手认为输不起的尴尬境地。学会接受这次的教训，并在事后对失败原因进行总结，从而使自己在下一次的洽谈中避免犯下同样的错误，这才是成为谈判高手所需要学的第一步：坦然地面对洽谈的失败，并从中吸取教

训，避免再犯。

在洽谈的过程发现对方采取了开放的坐姿时，一定要让自己坦然地承认失败，一味地进行单纯的纠缠只会让对手小看。学会让自己的心态放平和，告诉自己洽谈本身就是一种在口舌之间的竞争，有竞争就有输赢，然后坦然地承认失败，毕竟不是每个人都可以成为常胜将军的，从失败的洽谈中吸取教训，才是一个理智的洽谈者应该采取的态度，而一味在失败上做文章的人只会引起别人的反感。

下 篇
洞悉情场相处智慧

第五章

读懂女人——避免争吵

  人是世上最复杂的动物，对于不同的事物有着不一样的看法和做法。在当今竞争日益激烈的现实社会里，面试者怎样才能够脱颖而出？只有掌握一定的应聘中的道理，了解更多的招聘信息，对自身的价值做最准确的估测，才能对不同的应聘试场应对自如。

  无论你是应届毕业生应聘还是职场老手的再一次出击，读懂了面试官的心理，面试成功几率就有了一半。

1. 女人把爱情当作一生的事业

人们常说：男人把事业当爱情，而女人呢，是把爱情当事业。对于男人而言，事业在生命中的比重要远远大于爱情；相对的，对于女人来说，爱情是生命的全部，是生活的重心，是需要竭尽心力去经营的终身事业。

绝大多数女人都觉得，倘若人生没有经历过爱情，便是不完整的；倘若爱情没有经历过痛苦，则是不深刻的。爱情使她们的人生变得更加丰富，而痛苦却使爱情升华至另一个高度，这些均令她们感到异常向往，于是，许多女人都把爱情当作自己一生的事业。

爱情是女人一生的事业

英国作家莎士比亚曾这样说："没有比服侍爱情更快乐的事。"但其后他又补充了一句与之相反的话："天下再也没有比爱情的责罚更痛苦的。"的确如此，爱情既是天使，又是魔鬼；既让你享受了浪漫和激情，也必定让你面对平淡和冷漠，甚至是撕心裂肺般的痛不欲生。但即便是如此，有很多女人却仍然为爱情而痴迷，犹如染上烟瘾一般，想戒都戒不掉。爱情仿佛是女人的事业，倘若没有了它，一个女人便会形如骷髅，毫无生机与灵气。

下篇　洞悉情场相处智慧

女人在少女时代爱上了一个男孩，两个人爱得死去活来、惊天动地，并许下了刻骨铭心的山盟海誓。然而，不幸的是，男孩在一次车祸中身亡，女孩所憧憬的幸福全都成为了泡影，因为痛不欲生，曾为此而多次自杀，幸好被家人救了下来。因此，街坊邻居都认为，这次伤得太深了，她以后不会再谈恋爱了。

可是，几年以后，女人为了一个男人再次动心了。与第一个男孩相同，他们用情至深，依然爱得死去活来、惊天动地，并共同走进婚姻的殿堂。但"天有不测风云"，不幸的事情再次发生了，男人被确诊为白血病，没过多久，他便抛下了这个承诺过要厮守一辈子的女人独自离开了这个世界。许多人都觉得这个女孩的命过硬，天生克夫，或许她根本不适合寻找男人。

男人死后，女人的脸上又失去了笑容，犹如一朵即将枯萎的花，一天一天地黯淡下去，别人甚至能够从她的脸上看到衰老的斑纹。亲朋好友均发出这样的感慨："这次，她的心彻底死了。"可是一个老婆婆却说道："不，心死只是暂时的，只要能够遇到新的爱情，她还会重新活过来。"

事实证明，那位老婆婆的话是正确的。一年后，女人邂逅了一位丧偶的男人，男人憨厚老实却不失沉稳儒雅，很快两人就相爱了，女人再次把自己的感情交付于另一个男人的手中。此时，人们再看到她时，她早已不是那棵即将枯萎的花朵，而是一朵娇艳欲滴的玫瑰。

从这个故事中，我们可以得知，爱情是女人最好的疗伤物，它的效果胜过任何药物。爱情既能使女人享受到快乐甜蜜的感觉，又能使其感受到激情与活力，还展示着自己的年轻与妩媚；但同时，它也会使女人品尝到冷漠与痛苦，品味到无奈与平淡，且必须面对年老与色衰。或许正是如此，爱情才显得更加珍贵，更加难得。它犹如一道道沁人心脾的气息，从眼神到唇齿，从唇齿再到指尖，渗透到女人的每

一滴血液里,每一寸肌肤中,然后再弥漫至周围的空气里,使人们感受着它的魅力。

珍视爱情,笑如春花

女人都是极其感性的动物,他们均喜欢爱情带给自己的愉悦感,那感觉宛如春天里的甘露,宛如夏天里的凉风,让她们感觉到脸红心跳。对她们来说,倘若爱情没有结果,就证明缘分还没有到来,但绝不会使其为此放弃爱情。即使爱情令她们肝肠寸断,痛不欲生,她们依然还会对自己的下一段爱情充满希望,依然还会全身心地投入到崭新的爱情中。

如果女人的生命里缺少爱情,那么,不论这个女人的外表多么漂亮,她都不是生动的,毕竟她的心已经形同枯槁。而拥有爱情的女人,从里到外均会流露出被爱情滋润的甜蜜。理所当然,并不是所有的爱情都会被耀眼的光环所围绕,许多女人经常到最后才发现,原来自己早已被伤害得遍体鳞伤,但若使她们放弃这段感情,她们又会拥有诸多的不舍。在爱情中,千万次回头的多是女人。因此,在爱情方面,女人天生就是受苦的。

男人不要暗自觉得,女人对爱情的无止境追求是一种毫无出息的表现。她们只不过是把爱情当作自己一生的事业,犹如男人把事业作为自己一生的追求一般,又有什么理由遭到谴责呢?世界上没有比爱情更令人激动万分的事情了,而女人只有相爱,才能使自己笑如春花,倾国倾城。

> 男人为了爱,宁愿让女人为了自己而改变;女人则为了爱,宁愿改变自己。即使爱情使女人柔肠欲断,死去活来,也没有一个女人愿意舍弃自己的灵魂,毕竟女人一不小心爱上了男人,就会没有任何理由地无限沉迷下去。

2. 女人从不吝惜自己的眼泪

女人如水,爱哭是女人的天性,女人流泪的原因很多,由于伤心流泪,由于无助流泪,由于思念流泪,由于感动流泪,由于委屈流泪,由于恐惧流泪,更重要的是,她们时常由于爱情而流泪。

流泪是女人的本性

绝大多数男人均认为女人是水做的,毕竟当她爱上一个男人的时候,就会像水那般温柔,涓涓细流,绵绵流长;与此同时,她又会像水那般澎湃,任由自己的情感肆意流淌着,且渴望它能注满爱人身上的每一个毛孔,以使其永远深爱着他。

彤彤和峰峰是无话不谈的好朋友,她告诉峰峰自己哭了,为了一个男孩。

峰峰向她问道:"你一定很爱他吧?"

彤彤回答道:"不止是爱,而且已爱到不知怎么办才好。"

"是吗?"峰峰惊奇地问道。然后,他接着说道:"你之所以会为他哭泣,就是由于你爱他爱到了极点。倘若你能抓住他的手,或许他便能陪伴你走完此生;倘若你由此放弃,或许你们很难再回到昔日幸福的状态。"

峰峰的话音刚落,便拥有一种前所未有的压抑感。他不禁想到了她——那个曾经为他哭泣的女孩。

第一次,他决定离开她,而她却说:"只要你能幸福,我就心满意足了。"望着她强忍的泪水,刹那间,他不知如何是好。在转身的那一瞬间,他意识到她哭了。

第二次,他告诉她,他欺骗了她。而她却若无其事地回答道:"没关系,我会原谅你的。"由于她深爱着他,因此,她不由自主地抱着他哭了。那一刻,他感到她一定很失望。

第三次,在情人节的夜晚,她紧紧地抱着他,并以乞求般的语气对他说道:"亲爱的,你不要离开我,好吗?"然而,他毅然毫不回头地离去,仅留下渐行渐远的背影。望着那熟悉而又陌生的背影,她悲痛欲绝地流出了眼泪……

想到这里,峰峰忽然意识到,自己的任性曾无数次伤害了心中的她,如果一切可以重新选择,他一定不会选择离开,离开那个值得自己一辈子去爱的女孩。

有人说泪水是女人的武器,也有人说女人柔情似水,宛如小河的流水。的确如此,男人做了一件让其感动的事,她会激动地流泪;男人说了一句山盟海誓的话,她会信任地流泪;寂静的夜晚没有男人在身边陪伴,她会由于思念而流泪;害怕某一天会失去心爱的男人,她会伤心地流泪……然而,正是这种河流般的泪水,才哺育了女人的美丽,把女人的美丽从女娲补天开始代代相传;正是由于女人不吝惜自己的眼泪,才拥有惊世骇俗的沉鱼落雁、闭月羞花之美;也正是因此,才成就了国色天香的四大美女之说。

眼泪是女人的象征

女人是多愁善感的,她们喜欢用眼泪来释放内心深处的情怀,倘

下篇　洞悉情场相处智慧

若男人能够理解为何而哭，便会读懂女人的心。男人与女人存在于两个毫不相同的感情世界，女人的细腻与多变令男人难以揣摩她们的心思。于是，聪明的男人便会通过体会女人的眼泪，来与女人进行心灵沟通。女人的眼泪或是点点哀怨，或是丝丝委屈，或是阵阵孤独，或是片片责备，或是莫名的感动，或是幸福的喜悦，或是久别重逢后的欲言不能……感受着女人的眼泪，男人便可知道她的喜怒哀乐，人前人后，男人均可自豪地说一句："我爱她，我是世界上唯一能够读懂她的人。"

眼泪属于女人，而女人属于爱情。为了爱情，女人从不吝惜自己的眼泪。男人提出分手，女人会流泪；女人主动提出分手，她还会流泪；男人对她好，女人会流出幸福的眼泪；男人对她不好，女人会流出苦涩的眼泪……不论为何流泪，都是为了他，为了自己深爱的男人。有哪个男人可以对那个为自己流泪的女人熟视无睹，又有哪个男人能够对那滚烫的泪珠置若罔闻？倘若男人能够接受女人的爱，就意味着他找到了属于自己的真爱，尽管他曾承诺过，他爱她，他不会让她流泪，但如果这泪是为他而流，男人的心中就会增添几分满足与温暖；倘若男人拒绝女人的眼泪，他就会深感愧疚，但谁又能认为，这愧疚之中不会带有丝毫享受？纵然他不爱她，他拒绝了她，但其依然会沉醉于征服女人的成就感中？

眼泪既是女人的特权，又是生命的财产。面对绝望女人空洞无神的双眼，男人会明白什么是"哀莫过于心死"；面对妻子慈爱平和而又渐失光彩的眼神，男人不禁会回忆起她神采奕奕的一面；面对逝去的女人紧闭僵硬的双眼，男人只能叹息生命的短暂与脆弱，若要再次见到女人的闪闪泪花，就只能寄希望于梦境。没有眼泪的女人，是令男人感到恐惧的。于是，男人便在无形间觉得，只有拥有女人的眼泪，才能拥有真正的女人。

对于男人来说，当一个女人在你面前流泪时，你既不必焦急，也不必担心，只要静静地听她哭，就是对其最大的安慰。如果可能的话，还可以暂时借你的肩膀给她靠一下，或轻轻拥她入怀，或使她靠在你的胸膛前尽情地哭泣。倘若她是你的爱人，你可以用手拨动她额前的长发，或轻轻拍打她的双肩，或轻吻她的额头，直至她在你的怀中哭完为止。总之，爱她，就要读懂她的泪眼婆娑；怜她，就要珍惜她的嘤嘤泣泣。

3. 大方的女人也会吃醋

有人说，吃醋是一种善意的嫉妒；也有人说，吃醋是一种爱的表现。在恋爱的过程中，倘若彼此对对方视而不见、听而不闻，一点醋都不吃，爱情就会变得索然无味。偶尔吃一次醋，则能为平庸琐碎的生活"吃"出一片崭新的境地。对于情窦初开的女孩来说，不时地在心上人面前吃些小醋，就会像抹了淡妆一般娇艳动人。

再大方的女人，也会吃醋

在爱情的世界里，"醋"是一种不可缺少的佐料，甚至可以被称为一种滋养品，使爱情的成长之路更加坚韧，否则，彼此就会在枯燥无味中结束那段原本值得倍加珍惜的感情。

瑞航和张鹏是大学同学，在认识瑞航的时候，张鹏是院里出名的风流才子，身边的女朋友换了一个又一个，直至遇到瑞航为止。而瑞航出身于书香世家，父母均是某重点高校的教授，自幼便接受着良好家庭教育的熏陶，身上具备着诸多中国传统女子的大家风范。他们确定关系后，张鹏的确收敛了许多，但在朋友看来，他收敛得并不彻底。尽管如此，但瑞航从未多说过什么，毕竟张鹏时常在"哥们儿"面前称赞她，说自己找到了一个完美无瑕的女朋友。

毕业三年后,他们一起迈进了幸福的婚姻殿堂。瑞航依然端庄大方,而张鹏仍旧像一个"浪子哥儿"。在逛街的时候,张鹏总是毫无忌惮地把目光锁定在其他女孩的身上;坐在电脑前,张鹏时常不加考虑地与陌生的女网友天南海北地聊天;家里有客人时,张鹏经常无所顾忌地与那些所谓的"妹妹们"打情骂俏……当别人向他询问"你就不怕老婆吃醋"时,张鹏却脱口而出道:"怎么可能呢?我的老婆是天底下最大方、最通情达理的女人,她根本不可能那么'小家子气'的。"

在一个偶然的晚上,瑞航再也抑制不住自己内心的感情,便向张鹏道出了长久以来积聚的想法:"事实上,我一直在吃醋。当你张望其他女孩时,我在吃醋;当你与女网友谈笑风生时,我在吃醋;甚至当你在不经意中提到某个女明星的名字时,我都在吃醋……总而言之,当你认为我不会吃醋的一切时候,我都在吃醋。"听到她的话语,张鹏觉得自己有些过于大意,原本以为自己的老婆异常大方,可结果却令他感到出乎意料,原来,即使再端庄大方的女人,也还是会吃醋的。

从这个故事中,我们能够得知,即使一个识大体、善解人意的女人,也会醋意大发。大方的女人况且如此,更何况那些普普通通的女子呢?在爱情里,没有一个女人的胸襟是足够宽广的,正如武侠大师古龙先生所说的那样:"在这个世界上,不吃饭的女人或许有几个,但不吃醋的女人却一个也没有。"

吃醋是女人与生俱来的天性

在古代,女性有"三从四德"之说。所谓"三从",就是指"在家从父,既嫁从夫,夫死从子"。暂且撇开其他两条不说,仅仅一条"既嫁从夫",就足以证明古代的女子是不能主宰自己命运的。她们既不能把握自己的人生，又不能左右丈夫的做法，即使男人随心所欲地娶妻纳妾，她们也必须装出一副与他同样高兴的模样。倘若为了此事而吃醋，则会被认为其不具备大家闺秀所应拥有的风范。

与古代的女子相比，如今的女子幸运多了，想要拥有何种人生，完全由自己进行掌握。如果男友稍有分心，便可醋意大发，给他们使一些颜色看看。在日常生活中，约有90%以上经历过爱情的女子都曾打翻过"醋坛子"，其中不乏惊天动地、山崩地裂之势。

或许有些男人会认为，吃醋是女人"小家子气"的表现，甚至会使自己觉得丢失颜面。其实，吃醋是女人与生俱来的一种本能，只要她们稍微闻到风吹草动的味道，心中的醋意就会立刻往上窜。尽管吃醋并不是女人的专利，但绝大多数女人都会吃醋，毕竟女人天生拥有极强的依赖心理，这种心理注定她对男人的看守是那种无微不至的关注。一旦爱上某个男人，她就会十分倾心地缠着他，甚至恨不得把它拴在自己的身上。总的来说，女人之所以会吃醋，就是由于她太在乎自己所爱的人，她不愿失去一份真挚的感情。

> 女人吃醋看似颇为生气，但她却是没有任何恶意的，它只不过是爱的另一种流露方式。男人并不能把女人的吃醋视为小肚鸡肠、心胸狭隘的表现，毕竟女人吃醋，只能说明爱情是自私的，她不愿意与他人共享同一份感情。醋劲愈大，表明爱之愈深。所以说，吃醋既是女人的一种魅力，又是女人的一种美德。

4. 女人是很容易满足的

当一个女人在为家务而忙碌时，倘若她的男友能够通过手机给她发一条短信："宝贝，你辛苦了！"她不但不会感到劳累，反而会觉得异常幸福。女人有时真的很奇怪，一个包含疼惜的轻吻，一句关心问候的话语，甚至一口命令式的铿锵爱护，都能使其为自己的付出而感到无怨无悔。其实，女人是很容易满足的。

女人渴望男人的陪伴

女人尤为渴望爱情，渴望把爱情当作生活的全部，一旦得到爱情，她们就盼望着自己能够成为对方的一切。女人有时很傻，傻到为了爱而忘记了自己；女人也很容易满足，点滴的感动，足以使其感到幸福。女人生日时，渴望男人对她的一个问候；女人伤心时，盼望得到男人关怀的祝福；在过马路的时候，女人希望男人能够牵着自己的手；感到孤独的时候，女人期望能够见到心爱男人的面孔；女人渴望一遍遍地听男人说"我爱你"……女人想要得到的，就是男人能够把她当成其生活的一切。

曲博总是羡慕朋友的女友温柔体贴，善解人意。一个偶然的下午，他与女友晶晶大吵了一架，约朋友光光出来诉苦。

光光告诉他,起初,女友雅静也时常抱怨他工作忙,没有时间陪她,因此,两人经常为此吵架,导致彼此关系很紧张。有一次,在闲暇之余,他为雅静发了一条短信,说自己突然很想她,并问她有没有想念自己。令他想象不到的是,下班后见到女友,她的脸上洋溢着久违的笑容,体贴地问他:"光光,今天上班累不?"然后,又急忙帮他按摩。

于是,他便天天如此,在闲暇的时候,他就给雅静打一个电话或发一条短信,就这样,他发现雅静的笑容越来越多,越来越温柔,而他工作的疲惫也在女友的温柔体贴中一扫而光。由于两人平日都要上班,每逢周末,他就陪着雅静做她想做的事,于是,周末的时间就显得愈加短暂和珍贵,而每次,他都以女友为中心。此一来,他发现雅静特别珍惜周末的时间,经常颇为用心地安排,且尽量让他多休息,处处为他着想,他不禁为此感动万分。

听到光光的话语,曲博半信半疑,便尝试着对自己的女友如法炮制,他欣喜地发现,女友晶晶变了,变得不再满腹牢骚,两个人的关系也日益甜蜜,而曲博也由最初的无奈变得心平气和、意气风发起来。

男人总是要求女人要智慧,要理解男人;女人也同样要求男人多抽出一些时间陪她,尽管女人的要求很微不足道,但绝大多数男人却无法做到。其实,女人是很容易满足的,她既不需要昂贵的珠宝,也不需要大量的金钱,只是需要男人在毫不起眼的小事方面,让她有所依靠,让她不再孤独。只要男人能够让她感觉到你的呵护,她就会为你付出一切,乃至无比珍贵的生命。

女人是极易满足的

女人很容易满足,有些时候,男人的一个表情,一句话语,都会

把她逗得尤为开心。在相处的日子里，她只希望能够每天看着自己心爱的男人，只希望他能够陪自己漫无边际地谈笑；分隔两地的时候，她会安静地等待忙碌一天的他陪她视频聊天，有时，即使男人的回复很慢，她也会悄然等待，毕竟她知道他很忙，她只希望彼此能够这样相处下去。

女人在意的，是男人的内涵，是男人深情眼眸中爱的实质与淡淡亲情。她时常会不由自主地回味生活中的甜蜜，时常会快意地浮现出满足的笑脸，时常会莫名其妙地被自己营造的幸福所感染。然而，快乐并非来自物质的多少，而是精神方面的满足。

女人的满足，展现于男人淡淡的情怀；女人的满足，体现于男人给她的丝丝温暖；女人的满足，表现于男人对她的点点关爱……男人一句简单的话语，一个不经意的动作，都会使女人感到满足，尽管女人的满足十分简单，但她总会发自心田，感染着自己与周围，甚至很远的地方。

不论男人平日多么繁忙，不论彼此的新鲜感是否还在，关键时刻的一声问候，不经意间的嘘寒问暖，特别日子的拥抱入怀，平淡生活的点滴关爱，生病住院的悉心照料，烦躁之时的忍耐体贴……都能构成女人的满足。女人的满足，不在于成就的高低；女人的满足，不在于金钱的多少；女人的满足，不在于环境的好坏。只要心在，只要情真，只要这份责任永存，一切就会永驻她的心间。

> 女人是最容易满足的。一句赞美的话语，便能减少她劳累的辛苦；一声关心的问候，便能使她激动得热泪盈眶。女人对现实生活的要求并不高，她们喜欢轻松而又富足地活着，她们不愿有太大的压力和波折。因此，对于男人而言，只要多花一些心思，多出一分诚意，就能轻而易举地赢得女人的芳心。

5. 女人一辈子听不烦的话是"我爱你"

女人喜欢一辈子听她所爱的男人说"我爱你",不要以为她会听得厌倦,对于这三个字,她是永远都听不烦的。对于一个女人而言,男人可以不送她玫瑰花,但必须说"我爱你";男人可以不给她钻戒,但必须说她是其今生的唯一……如同水、阳光、空气那样,"我爱你"是女人维持生命的第四种要素。

女人喜欢听到男人说"我爱你"

通常而言,女人最渴望听到男人所说的就是"我爱你"这三个字,且她们希望心爱的男人时常对着自己说那三个字,仿佛百听不厌。

曾有这样一个故事:在5岁的时候,男孩向女孩说道"我爱你",女孩耷拉着脑袋,眨着水晶般的大眼睛,疑惑不解地问道:"你说的话是什么意思呀?"当他15岁的时候,再次对女孩说道"我爱你",刹那间,女孩的脸红得像红苹果一般,头也不抬地摆弄着衣襟,心里感到特别高兴。25岁的时候,男人又对女人说道"我爱你",女人把早餐准备好,捏了一下男人的鼻子,并说道:"知道了,懒虫,你快起床吧!"30岁的时候,男人再次对女人说我爱你,女人却若无其事

地回应道："你呀！如果真的爱我，下班后就以最快的速度回家，还有，不要忘记我吩咐你买的菜。"40岁的时候，男人又说道"我爱你"，女人一边收拾碗筷，一边面无表情地嘟囔道："行了，行了，赶快去给孩子辅导功课吧！"50岁的时候，男人再次说"我爱你"，女人打着毛衣，头也不抬地问道："真的吗？你心里是不是巴不得我早点死掉。"然后，他便笑个不停。60岁的时候，老人又向老伴说道"我爱你"，老伴开玩笑般地捶了他一拳："死老头，孙子都这么大了，你还贫嘴！"70岁的时候，他们一起坐在摇椅上，戴着老花镜，翻阅着50年前老人给老伴所写的情书，他们再次将布满皱纹的手紧握在一起，这时，老人又对老伴说道"我爱你"，这时，老伴深情地望着眼前这位老人，老人觉得老伴早已布满皱纹的脸依然那么漂亮美丽。80岁的时候，老人躺在病床上，最后一次对老伴说"我爱你"，老伴却没有说一句话，因为她在默默地流泪，尽管她听了一辈子的"我爱你"，但是依然听不烦，她渴望老人能够继续对自己说"我爱你"。

女人不但喜欢浪漫，而且喜欢听到男人说"我爱你"，恋爱中的女人尤为如此。只要男人说一句"我爱你"，她便死心塌地地为他端茶送水；只要男人说一句"我爱你"，便能换来女人的任劳任怨。尽管有些时候，她们深知男人所说的"我爱你"只是敷衍了事，但依然对此百听不厌；尽管她们明明知道男人所说的"我爱你"是包着糖衣的毒药，但依然对此乐此不疲。

女人是不折不扣的听觉动物

女人之所以喜欢男人说"我爱你"，除了她十分在乎这个男人，异常在意这段感情，需要对方对其加以肯定外，还有一个较为重要的原因，那就是与男人这种视觉动物相比，女人是一种不折不扣的听觉动物。

或许绝大多数女孩都会产生这样的疑问：为什么与男友一起逛街时，迎面走来一个素不相识的美女，男友顿然间便会两眼发直甚至呆若木鸡？其原因尤为简单，就是由于男人是视觉动物，极易受到青春美貌的诱惑；而女人却正好与之相反，在恋爱的初级阶段，她们最难以抵挡的就是男人甜言蜜语的蛊惑。因此，男人若要把心爱的女人追到手，最为有效的办法就是不停地对其赞美，向其倾诉你对她连绵不断的爱意，长期如此，女人就会乖乖就范。

台湾著名女性情感作家吴淡如曾在一本新书里写道：女人是一种喜欢听好话的动物。她需要依靠男人不停的赞美来证明自己的妩媚与迷人，她总是把自己幻想为童话王国里众人羡慕的公主，犹如酸涩的梅子，在糖的助兴下就会发酵，进而变成浓醇的梅子酒，而男人所说的"我爱你"，无疑就是其中的糖，就是其中的酵母。

对于男人而言，"我爱你"不仅仅只是口头的一句话，而是一种责任，一种承诺，但有责任的男人是不轻易许诺的，所谓"一诺千金"，更应被说成是"一诺千斤"。有些时候，即使两个人相爱，男人也不喜欢女人总是提醒他们对其说"我爱你"这三个字，感觉它不仅是对自己的不信任，还在明里暗中提醒自己不要忘记他们的承诺。因此，男人愈是不说，女人愈加渴望他能说，进而导致女人们对"我爱你"永听不厌。

6. 女人渴望得到男人的呵护

在办公室里，或许她是一位精明干练的领导，但当她离开办公室后，便成为一个娇柔软弱的女人，需要男人的包容与呵护。她并不要求心爱的男人能够为自己做些什么，而仅需要男人能够在乎自己。

女人需要男人的呵护

事实上，很多女人看似外表坚强，内心却尤为柔弱，需要得到男人的呵护。她不在乎男人给她多少金钱，却会永远记得其调皮地从路边花坛摘回的那朵放置她手中的月季花；她不在乎男人权位的高低，却会永远在意其从身后送来的一个幸福而又甜蜜的拥抱。在过马路的时候，倘若男人能够站在她的左边，紧紧握住她的手，不论是在何种年纪，都会使她感到倍加安全。

唐唐喜欢上了一个男孩赵峰，对他很好。她不仅为他洗衣服，还帮他收拾房间，甚至早起为他买早点，小鸟依人地依靠在赵峰的身边。赵峰觉得自己被唐唐这般无微不至地照顾着，是一件极其惬意的事情，于是，他们便顺理成章地走到一起。赵峰随之变成了唐唐的男人，唐唐随之变成了赵峰的女人。

渐渐地，赵峰习惯了唐唐在身边的日子，然而，后来，唐唐却离开了赵峰，是在他睡梦中离开的。赵峰醒后，到处寻找唐唐，却无论如何都找不到。赵峰便向好友李艳询问道："你说，我究竟哪里做错了？我给她买最贵的化妆品，当有人欺负她的时候，我不由分说地把那个人打得半死，我这么爱她，她为什么却会一走了之呢？"

　　李艳静静地听完赵峰的讲述，一时间，不知如何给这个疑惑的朋友一个满意的答案。他们走出咖啡馆时，赵峰快步地跑到对面，并向车流这边的李艳招手："你快点呀！"刹那间，李艳有些无奈地笑了，她向赵峰问道："你平时陪唐唐一起逛过街吗？"赵峰回答道："我们也来过，不过次数很少。"李艳接着问道："你在街上牵过她的手吗？"赵峰羞涩地回答道："在家抱抱她还可以，在外面牵手，多难为情呀！"李艳便推测道："在过马路的时候，你一定比她走得快，是吗？""你怎么知道的？"赵峰一边点头，一边疑惑不解地问道。李艳接着问道："当唐唐在洗碗扫地的时候，你一定在悠闲地看电视，是吗？"赵峰摸着自己的头，仿佛意识到了什么，并说道："我明白了！"话音还未落下，他便径自向家中走去。

　　世界上的女人有很多，聪明的，美丽的，温柔的，可爱的……但无论何种类型的女人，期待幸福的心情都是相同的。因此，她们期待着一个男人的出现，等待着这个男人对自己的呵护。其实，女人所期待对自己的呵护，只是一件尤为简单的事情。她只希望自己的男人不要由于忙碌而忘记自己的生日，她只渴望听到心爱的男人在耳边轻声说一句："宝贝，我永远爱你！"她只希望在自己忙碌的时候，男人能够轻轻抚摸她的额头，并说一声："宝贝，喝口牛奶再接着做吧！"她只渴望在自己孤单害怕的时候，男人在身边搂着她的肩膀，坚定地对自己说："别怕，有我在呢！"在某些境遇下，爱意是在不经意间流露的，或许作为男人的你并没有太大的呵护感，但女人却一字一句地记在了心底，并将用更多的爱恋来回报你。

女人的付出,是为了得到更多的呵护

女人是伟大的,她们承担着比男人更多的压力,毕竟每个人的前十个月,都是在女人的肚子里长大的。女人又是弱小的,她需要男人的关心与照顾,需要男人用其一生去呵护。

女人天生温柔可爱,每个年龄段都有其特有的"女人味",只有在男人的浇灌与呵护下,她才会绽放出女人的娇艳与妩媚。

日常生活中,女人往往是弱者,为了迎合男人,为了能够在闲暇的时间里厮守在一起,她关怀备至,处处谦让,即使只是一碗面,也要眼睁睁地看着男人吃完才肯放心离开。或许男人会觉得她絮叨,觉得她婆婆妈妈。殊不知,为了能够让男人吃上津津有味的佳肴,她努力学习菜谱,为了让男人能够安心工作,她把一切家务全部揽在自己身上。作为男人,你应该知道,她并不是日本式的全职太太,她还有自己的事情要做,她之所以心甘情愿地为男人付出一切,就是源于爱的力量;而她的付出,也只是为了能够得到男人更多的呵护。

在无限的广阔空间里,两个人相遇、相识、相知、相爱并走到一起的几率是极小的,既然彼此都勇敢地迈开了自己的步伐,已经深深地相爱,就应该珍惜难得的缘分,男人应呵护好自己的女人。

女人是小鸟依人,诸多时候都是极其脆弱的,当遇到风暴的时候,她渴望能够躲在男人的怀抱中,在其有利的臂膀下得到呵护。对于男人而言,不论你是贫穷,还是富贵,都不要伤害自己心爱的女人,而应学会宽容与忍让,因为你是她的依托,她的守护神,她的精神力量,她渴望你能够永远守候在自己的身边。

第六章

读懂男人——获得幸福

"宁可相信这个世上有鬼,也不相信男人那张破嘴。"女人这样说男人,可想而知男人的甜言蜜语对女人有着多么大的杀伤力,所以说男人的心一定要懂。

男人也是人,有七情六欲,有痛有笑,有坚强也有脆弱,每个男人都花心,每个男人都会有承诺从来不兑现。女人,读懂了男人的心就获得了她们需要的安全感。男人的心理看起来是容易捉摸的,其实是最难看透的。对女人来说,这个世上没有最好的男人只有更适合你的男人。

1. 万句承诺不如实际行动

很多男人在行动之前喜欢许下诺言,这些诺言或关乎于爱情,或关乎未来,许下承诺者的信誓旦旦让听到诺言者心中无比安心,并开始了漫长的期盼时期,期盼着承诺在某一天之后会被实现。但是现实生活中,千句万句的承诺往往不如伸手间的一个行动。承诺带来风险,而行动却会将男人的形象表现得更为完美。对于男人来说,承诺与行动的关系就像说与做一样:说过永远不如做到那般令人满意。

承诺是一把双刃剑

承诺自古以来便存在,最美丽的承诺莫过于那句"生死契阔,与子成说。执子之手,与子偕老。"随着社会的飞速发展,在如此美丽的承诺被说出后,再也没有了那份让人回味无穷的悠远深长,剩下的只有女人苦苦的期盼。承诺对于某些男人来说,就好像嘴边现成的普通言语一样,张口便来,这些男人丝毫没有考虑过在说出了美丽的承诺之后,脆弱的女人是如何望眼欲穿地盼望着承诺的兑现。

张洋三年前认识了现在的女朋友可会,两个人在相恋后不久便搬到了一起居住。一转眼,三年过去了,两个人由刚刚出校门的学生变成了职场中的"资深老人"。看着周围的朋友买房的买房、买车的买车，都纷纷踏入了婚姻的殿堂之中，可会的心里也充满了向往。是啊，最美好的三年时光都陪着身边这个其貌不扬的男人度过了，虽然他没有钱、没有权，但是他们之间有爱情，这样就够了，如果他可以给自己一个名分，那么这份幸福就更加完美了。

当可会将结婚的想法告诉张洋之后，张洋却一脸的无奈："可会，我们现在还没有攒够足够的钱，结婚需要一大笔开支，父母养了我们这么多年了，总不能再伸手向他们要钱吧？"可会也知道，但她并非想要大张旗鼓地大办婚事，她只是希望能够将两个人的事情告之双方的父母，然后领了结婚证，使自己心安下来。张洋对可会的想法未置可否，他只是当场承诺："等我们挣够了五万块钱，马上就结婚！"

可会心里有了目标，于是工作起来更不要命了，她经常主动地要求加班。而张洋呢，一句看似郑重却不经意的一句话使他得到了平静，他并没有把自己所说的经济上限当回事，他总是感觉两个人还年轻，没必要动不动地就把结婚放嘴边。

过年的时候，两人存折上的数目终于到了五万。可会开心地把存折摆在了张洋的面前，眼巴巴地希望张洋可以兑现张洋许下的承诺。但张洋却顾而言他，可会催得急了，张洋竟然告诉可会："再等等吧，我现在还没有玩够呢，才不过二十五、六岁，怎么会那么快就结婚！结婚最少要等到我三十了！"可会看着张洋漫不经心的样子，激动兴奋的心情一下子跌入了谷底。

春节过后，张洋回到同居的房子里，他惊奇地发现：女友的东西都不见了，床上放着两个人的存折，里面的数目正好是两万五。

陷入情网中的女人都希望可以得到男人的承诺，现实社会中的千变万化使得脆弱的她们总是在盼望着有人可以给出一辈子的诺言。很多男人也就抓住了女人的这种心理，随随便便就把承诺给了她们。殊不知，在给出了承诺之后，女人虽然一时安心了，但如果日后男人无

法将诺言兑现,女人的心会被伤得更厉害。而这些伤害往往是被听上去让人无法自拔的承诺造成的。承诺对于男人与女人来说,就是一把双刃的剑:既可以令人心安,更会让人在食言之后深受其害。

爱,说到不如做到

承诺永远比不上实际的行动,承诺带有风险,所以男人最好不要随便地抛出承诺。行动与承诺比上去更显完美,在实际行动之中将自己深深的爱表现出来、用诚心诚意来感动女人,这样的男人总是会抱得美人归。

两个人在坠入了爱河之后,总是会喜欢让对方发誓说永远不会抛弃自己或者永远会陪伴自己。但在这种承诺的背后其实隐藏着两个人深深的不安:对对方的不信任与对现实的不信任才让爱情中的承诺显得那么不切实际而又动听。"爱到海枯石烂、地老天荒,都不能改变我对你的爱",这样的话在深爱的人中间并不少见,有些人甚至会为了爱而写下各种各样的保证书,并借此来坚定自己追求爱情的信心,但是事实上,明知道海不会枯、石不会烂、地不会老、天不会荒,就算是真有那么一天,我们也无法看到。

爱情中的承诺永远是说不如做,一万句的我爱你也抵不上一个行动。对于女人来说,男人的承诺太多,反而会让女人心中的不安更大。而一旦这种承诺由于各种原因而没有兑现,则会让女人失去对男人的信任,会让女人对握在手中的爱情更加没有安全感。

富人有富人表达爱意的方法,穷人有穷人宣泄爱的途径,但不管是哪一种办法,哪一种途径,都需要明白一点:对于男人来说,说到永远没有做到来得让女人安心。承诺虽美丽,却永远不如行动那般动人。任何时候,懂得行动的男人都是女人眼中的最爱,因为这类男人知道:女人在要求承诺时,并不是只想听听那句漂亮话,而是希望自己可以带给对方一种别人无法给予的安全感。

有人这样评说男人：世界上有三种东西不可以相信，男人的承诺、男人的感情与男人给出的食言理由。这样的说法虽然有些片面，却也说明了男人过多的承诺对于女人来说并无安全感可言。而一个男人如果总是向女人过多承诺，则会反映出他对两个人之间的感情连一丝把握都没有。女人最希望告诉男人的一句是："说一百句爱我，不如做一件爱我的事情。"在过多承诺的时候，男人也要明白：并非所有的女人都是傻子，如果让她们在只会承诺与只会做的两种男人中选择一人做终身伴侣的话，她们会毫不犹豫的选择后者。

2. 男人的嘴就是会撒谎的蜜罐

很多受过伤的女人都会说：男人的天性就是爱说甜言蜜语，而这种甜言蜜语往往又是女人最喜欢听的，所以"明知山有虎，偏向虎山行"的女人总是会被这些男人伤得体无完肤。而现实生活中很多男人很擅长于在撒谎间用各种各样的美丽语言把女人骗倒，一向被称为"视觉、听觉动物"的女人在这些情场高手的"蜜口"之中纷纷落马，受伤之后才幡然醒悟：男人，就算是没有爱也可以说出甜言蜜语，有爱也会在甜言蜜语中掺加入欺骗！

别做那个被男人的嘴伤害的女人

有句俗语是如此来评价男人的嘴脸的：宁可相信这世界上有鬼，也不可相信男人的嘴。很多男人将他们的谎言沾上蜜糖，在其中夹杂入伤人于无形之中的言语碎片，使得被爱情迷晕了头的女人应接不暇，在男人的甜言蜜语间完全失去了自卫能力，掉入了男人为自己设下的圈套之中，乖乖地变成了对方的又一个爱情俘虏。男人的嘴，伤人于无形之中，使女人无力设防。

一个女人对爱情的自述与缅怀：

下篇　洞悉情场相处智慧

和于含确定恋爱关系已经有一年多的时间了，我非常清楚，在我之前，他有太多的过去。但面对他在追求时的信誓旦旦，再加上他的坚持，我被感动了，在众多朋友的反对之下，我成了他的又一任女友。

圣诞节的前一天晚上，我们在外面的饭店刚刚吃完饭之后，于含便借口单位有事情，跑到了隔壁房间接打电话。当时没有在意，但当我无意中路过那个房间时，于含的声音却让我再也无法不在意了，那么温柔、那么动听的声音是我所习惯的，他在追求我的时候经常会用这种语气与我说话。我推门而进，他立即挂掉了电话。面对我的询问，他只是淡定地告诉我，对方是一个苦苦追求他的小女生，自己已经打发掉了，并发誓说他爱的始终是我一个人，他的心中再也无法容下别的女人了。面对他的这种解说，我相信了。

我们同居之后没多久，我意外地怀孕了，面对这个突如其来的小生命，我只能拒绝，因为于含告诉我，他还没有能力去承受三个人的生活，等他有了经济实力我们再要孩子也不迟。我再一次相信了他，躺在冰冷的手术台上时，我的心都是痛的。

就在我在家休养、无法上班期间，竟然接到了一个陌生女人的电话，她告诉我说于含早就与她在外面同居了，只是我的纠缠，于含无法离开。面对电话里那么无理的质问，我没有说太多便挂掉了电话。不顾身体的不适，我跑到了移动公司，调出了于含近几个月的电话清单。清单上很清楚，他与几个号码频繁地通话。我按号码拨过去，对方都是女人，而且无一例外地说自己是于含的女朋友。

面对这样的结果，我再也无法相信他，但我也不愿意与他撕破脸

皮，毕竟我爱过他。在他没有下班的时候，我搬起了自己的东西，离开了这个让我伤心的地方，回到了自己远离已久的家乡。

不知道从哪个年代开始，有些男人开始学会了频繁地使用甜言蜜语来掩盖自己真实的想法，也不知道从什么时候开始，他们的谎言多了起来。或许那些谎言无伤大雅，但不管怎样，爱情里容不下谎言，一个以爱情的名义来进行欺骗的男人是不值得人相信的。而一个善于使用谎言与甜言蜜语的男人更是所有女人的命中克星，让女人爱过之后悔恨不已。这些女人在上当受骗之后，总是会发出这样的疑问：为什么男人的嘴会变成伤人的利器？那些男人又为什么会撒谎？这些关于男人谎言的疑问让女人既痛苦又困惑。

男人爱撒谎的原因大揭秘

有心理学家研究后发现，人每天至少要说谎七次以上。对于来自于女人的指责，男人自己面对于谎言的辩白明显有些牵强：因为爱你，所以说谎。处于恋爱中的男人说谎仿佛成了一种约定俗成的习惯与必然，而很多男人有关于爱情的谎言都是无害而且可以被原谅的，有些谎言甚至会使得女人更加欢喜，这使得男人更加看重了谎言的力量，从而使得男人的谎言在生活中大面积地泛滥起来。

很多不懂得撒谎的男人都会发现，自己远远没有那些会说谎、会讲甜言蜜语的男人受欢迎。这种情况的发生让这些老实的男人陷入一种迷茫之中："好像女人的耳根子就是软，明知道那些会说漂亮话的男人大多数都是在欺骗她们，可还是像飞蛾扑火一样，被花言巧语给骗到。对于我们这些老实男人来说，仿佛时不时地学一下那些坏男人的花言巧语也无伤大雅。"老实男人的这种觉悟使得有关爱情的谎言变得更多，而女人对于谎言的认同无疑助长了这种现象。

恋爱中的男人普遍认为说谎是一种必需，这种必需在很大程度是由于被女人逼得迫不得已而为之。试想一下，如果自己的女人体重又增长了好几斤，她正在面前眼巴巴地望着你、征求你自己是不是应该节食，身为男人的你敢说她的身材已经胖得让人无法原谅了吗？如果男人敢这样讲出实话，那就不要指望日后几个星期会有什么高兴的事发生了。

但是这种善意的爱情谎言却总是被某些坏男人拿来利用。这些男人随时随地都可以拿谎言来骗女人，并且这些谎言如同机关枪中的子弹一样，成串地从他们嘴中喷射出来。这些夹杂了欺骗的甜言蜜语使得女人大受其害，而女人对于这些话的受用程度也使得这些男人意识到了语言的力量，从而更加愿意去拿蘸了糖的谎言去欺骗其他的女人。

所以说，男人的说谎成性并非完全是由男人自身造成的，女人对待这些甜蜜谎言的态度在无意中也助长了男人说谎的乐趣，使他们变得更加深谙此道。

> 网上曾流行过这样一句话："背叛是男人的血统，博爱是男人的宣言，自由是男人的口头禅，见异思迁是男人一贯的风尚。"之所以现在的男人越来越懂得利用甜言蜜语去掩盖自己的错误与谎言，是因为女人无法完全抛弃甜言蜜语给自己带来的快乐，更不懂得如何去识别这些甜言蜜语中到底有几分是真情，又有几分是逢场作戏。男人喜欢说谎的社会

风气并非一日之间形成的，男人爱说谎也有着其深刻的社会原因。面对这些谎言，聪明的女人总是懂得如何才能做到从谎言中挑选出真话，看清男人的真实意图，使自己远离那些花言巧语的伤害。

3. 爱"微笑"的男人爱情不稳定

微笑被称为是人类最美丽的表情，而生活中人们无一例外地喜欢与爱微笑的人交往，因为这些人总是让人打心眼里感觉到安静与平和。但是当身边出现了一个爱微笑的男人时，女人们便不得不打起精神来应对了，因为爱微笑的男人很可能在微笑的背后比那些表情严酷的男人拥有更多不可告人的秘密，而挂在脸上的微笑便极有可能是他们在与女性相处时的杀手锏。

总微笑的男人让恋人畏惧

当一个男人开始对着一个女人微笑的时候，便表明了这个男人对面前的女人有一种潜在的欲望，而这种欲望也可以说是一种非常轻佻的表现。男人的轻佻比女人来得更加隐蔽，而微笑在这一过程中，便被用作了抵挡女人审视目光的盾牌。男人的微笑远不如女人的微笑来得那么纯洁，就算女人的心肠再如何狠毒，这种狠毒也无法与一个心怀不轨但表面上依然表现出了微笑的男人来得凶猛。

高诚是一个表面看上去非常安静的男人，熟识的人都说他的心机很深，但是初次见面者只会对这个微笑对待自己的男人印象深刻，因为他那温暖的笑容。但是很少有人知道，高诚的笑容背后往往隐藏着

很深的含义。

高诚的前任女朋友小佳是这样评说他们之间的爱情的:"与这样一个男人相恋,我多的不是快乐,而是不安与害怕。"在他们为期半年的恋爱中,小佳承受了太多的压力,而这些压力无一例外都是通过微笑来传达的。

在两人刚刚相识的时候,小佳就被高诚的微笑给吸引住了。看得出来,这是一个经常微笑的男人。当高诚对着小佳笑起来时,她就像被电到了一样,迅速而又措手不及地跌入了情网之中。起初小佳的感觉很好,因为高诚从来不发脾气,也从来不会对自己所说的话进行反驳,他只是静静地听着,然后对你微笑。慢慢的,小佳开始感觉到了不安。高诚总是以微笑来回应她,不管小佳提出了什么样的问题,也不论小佳的要求是不是合理,高诚总是拿微笑来应对。

有时候小佳会问高诚:"你为什么总是用微笑来回答我呢,我只不过希望进一步了解你,我们都谈了这么久的恋爱了,难道你还有什么不信任我的吗?"高诚面对小佳的坦白,仍然只是微笑:"宝贝,不要担心,我喜欢笑只是习惯,没有别的想法。"听到这样的回答,小佳心中的不安就更多了。

一次无意中与高诚的朋友聊天,他竟然透露出高诚曾经谈过好几个女朋友,而那些女朋友无一例外都是因为不喜欢高诚的微笑而离开他的。具体原因朋友也不知道,只是知道那些女孩在离开之后再也没有与高诚联系过。小佳知道,这都是因为高诚把自己藏得太深,使人无法窥到他的内心。

时间长了之后,小佳再也无法忍受这种没有交流的爱情,她虽然不希望自己找一个太过暴躁的男友,但是面对一个总用微笑来回答自己的男人也是让人无法忍受的。

很多时候我们都会有这种感觉,那些太过喜欢微笑的男人总是让人有种无法亲近的感觉。究其原因，莫不是因为男人总要有一丝的男人味，这种男人味不仅仅包括一个男人应该有的气度与表达情感的途径，更包括他的面部表情。欢乐与悲伤都是人类拥有的心情之一，它们有着各自的表达方式，而如果男人只选择用微笑来宣泄内心的想法，便很容易让身边的女人感觉不到安全感。而一个总是用微笑来对待女友的男人，也肯定是一个心计颇深的男人。

表情丰富的男人更可靠

世界上做得最成功的男人是法国男人，因为法国男人的表情最为丰富，而且总是会让恋人在生活中感觉到真实。看来人们称法国男人是最懂得浪漫与生活的一族并非空穴来风，对于男人来说，一味地将微笑挂于脸上虽然会为自己赢得不少陌生人的好感，但却更容易使身边的人感觉到一种挫败感，而这种挫败感很明显是来自于男人脸上的微笑。

人与人之间之所以能够有效地交流，最重要的一点莫过于交谈的双方可以从对方的脸上看出对方对自己谈话的最终看法，或是赞同、或是反对、或是同情、或是愤怒，这些都是可以通过表情来传达的。试想一下，如果一个女人在对自己的爱人倾诉今天的不幸时，男人以微笑来应对；当女人讲述自己对现在工作的不满时，男人仍以微笑来应对；当女人向男人抱怨他为什么总是笑时，男人如果仍以微笑来应对的话，这个女人不会感觉到微笑给自己带来的快乐，相反，女人会感觉到一股凉气会打脚跟传到心底，因为一个总是微笑的男人会让女人毫无现实感可言。

生活在现代社会中，人们总是会感觉到无尽的压力，但是人际关系的日益冷漠使得人们往往表现得过分理性。而一个总是微笑的男人在心底一定是容忍着无数的焦虑的。相对于某些女性在示弱时所采取

的哭泣与抱怨来说，微笑并非一个良好的发泄途径，而对于其他人来说总微笑的男人不仅没有真实感，而且也让人无法信任，因为无论对方再如何发表自己的意见，总是没有办法了解男人的想法。

微笑是一种美好的表情，但是男人要学会适当地运用。人的表情不止一种，表达不满可以用抱怨，表达愤怒可以用吼叫，表达快乐可以用大笑，表达悲伤可以用哭泣。这些多种多样、各有特色的表情共同组成了人的情感宣泄途径。只有表情丰富，才会让人感觉到自己是一个具有真性情的人，也只有表情丰富的男人才会拥有比别人更美丽的爱情。

中国的传统文化一向要求男人坚忍与稳重，要与人为善，所以很多男人宁愿让自己时时露出与内心情绪并不相同的微笑表情，也不愿意向别人打开心扉来表达自己的真实情感。这其中不乏男人出于自我保护的目的，但是也很容易让自己陷入一种情绪误区之中。相对于表情单一、只懂微笑、不善于表达自己的男人来说，女人更喜欢那些表情丰富、善于表达自己的男人。因为总是微笑，从另一种意义上来说，也是一种"表情暴力"的表现。

4. 天涯何处无芳草

"天涯何处无芳草"原本是出自于北宋诗人苏东坡的《蝶恋花》,其原意本是诗人感慨春天的流逝,主旨是在让人们察觉到春天在悄悄地离开,并用"天涯何处无芳草"来做自我激励。千百年过去了,随着时间的推移,这句原本是感慨春天流逝的词语却被人们广泛地应用于爱情,更有好事者在此句后面追加上一句"何必单恋一枝花",成了鼓励人们在遇到爱情挫折时,学会适时放弃、转战其他"战场"的一句振奋口号。

失恋的男人也可悲

在大多数人看来,100个失恋故事中,有99个受伤者都是女人。难道男人就不会失恋吗?这让观看爱情悲剧的人们非常奇怪。其实男人失恋的爱情故事也存在,只不过失恋了之后,很多男人都会用"天涯何处无芳草"聊以自慰。对于男人来说,上帝是一个恶作剧者,他创造了男人之后,却让他苦苦寻找自己的另一半。而在这一寻找的过程总是不可能一次就找对,由此便有了爱情的悲伤与美丽。

赵前的朋友这几天都被他的失恋给烦到了,当赵前与女朋友分手之后,两个人一起居住的房子成了赵前极力想要回避的地方,他拒绝

再回到那里,用他的话来说:"那里每一个装饰、每一件东西都是我们一起买的,回去干吗?光看就能把心伤死了。"朋友们看着他颓废而又伤心的样子,没有人安慰,男人之间不需要像女人那样表示感情,能够静静地听就已经不错了。

坐在赵前的面前,朋友把刚刚醒来的他拉起来吃饭。失恋之后的赵前请了一个月的假,每天都到中午十二点才起床,起床之后便让自己在网络上冲浪,就这样在不停燃烧着的尼古丁烟雾中昏昏沉沉地度过一天,直到夜里十二点才重新上床入睡。朋友让他打起精神好好上班,他也听不进去,只是一味地叹息。

朋友有时候会用"天涯何处无芳草"来劝慰赵前,但赵前总是点点头,一语不发。失去了爱情之后,也许很多事情都需要重新面对,再找一个人来恋爱也并非那么容易的事情。赵前知道,自己以后可能都不会那样痴情地对待一个女人了。他整天让自己泡在祥林嫂的叙述之中:如果我再让着她一点就好了,如果我能再多陪她一会儿就好了……

赵前说:"我们都对这段感情太过自信了,总以为像自己那样死心塌地地对待爱情,以我们现在的关系是根本不可能会发生分手的事情的,毕竟都已经谈婚论嫁了。可是,没有想到的是,一个幸福家庭的大框大架都整修好了,却被一些细节小事给毁了……"朋友只有静静地听着他这样日复一日地重复这些不知说了多少遍的话,其中有悔恨,有遗憾,似乎也带着一丝抱怨。

朋友也曾劝过,如果真不舍得,就努力去挽回吧。但是赵前告诉朋友,他几乎是拉下了所有的面子去求那个相爱了几年的女人回到自己身边,并且保证以后不会再这样忽视她了。可是女人却已经死心,不想再给他任何机会了。赵前就在这种折磨中痛苦着自己,无法自拔。他说时间可能会是最好的情伤药,就这样放任着自己吧,在不久之后就会好起来，但是朋友知道，那个不久到底是多久，是谁也无法推测出来的。

很多人都认为，男人很少失恋，因为女人通常才是爱情中付出情感最多的一方，也是最痴情的物种，即使失恋，也是男人抛了一个玩够了的女人。其实，男人也会失恋，也会有伤痛，因为他们真的爱过。但是即使男人真的被女人甩掉了，他们也不会死缠烂打，更不会一哭二闹三上吊，而是会因为顾及面子而潇洒地扬长而去，爱情重创之下，仍然不失理智，这就是男人这种动物。他们绝不会给自己感受伤痛的时间，而是会重新寻找下一个猎物，以填补自己的感情伤口。

天涯何处无芳草，是男人宽慰自己的经典名言，也是男人游戏爱情的宣言。的确，男人很少失恋，因为男人比女人理性，所以他们很少对没有感觉的人动感情。而女人则是经常性地凭感觉去接近对方，并让自己在不了解对方的情况之下陷入情网里。男人原本就是知道自己很难会找到真爱的，于是在真正爱过之后会痛得比女人长久也不难理解了。

男人对于失恋的态度

男人之所以不会轻易失恋，并非是因为男人比女人不懂感情，而是因为爱情并非男人生命的全部，所以很多男人都不屑于为失恋而痛苦。在失恋之后，男人很容易会将生活的重点转移到工作上，看似轻松、潇洒，其实内心的痛苦不会比失恋的女人少多少。事实上，男人一旦真的爱上，就很难再放手，对于分手也很难释怀，他们往往会在失恋之后以自己的方式疗伤，但不论是哪一种，游戏人生、爱情也好，不再触碰女人也好，总之在相当一段时间内，他们不会轻易地再让其他女人住到心里来。他们通常会痛苦地挣扎很久，并在遇到下一段爱情之后再苦苦地思量，看自己是否应该勇敢地迈出追求爱情的那

一步,之后再决定是否再爱。

爱情与事业是人生的两大追求,虽然目标不同,但是其实质都是一样的,这两种方法都是进行自我确认的方式。男人一般都是用事业来完成自我鉴定的,在失恋之后,他们也通常会将工作当成自己另一个爱情对象,让自己化伤心为力量,用事业的成功去弥合爱情带来的伤痕。

男人万一失恋了,他的痛苦也不会像女人一般深而远。曾有一个男人这样形容自己的爱情:"我爱她,她成了我的一切,除了她之外,我的整个世界仿佛都不存在了。但是当我失去她时,是否我的世界也会因此而灭亡呢?不,恰恰相反,整个世界都又展现在我的面前了,我重新得到了一切!"男人的可怕与可爱都在这里了:他们既可以理智地对待爱情,又可以坦然而振奋地迎接失恋。之所以可怕是因为太过理智,对于女人来说失恋是切肤之痛,也许一生都无法遗忘,但男人却总是太过轻易地把悲痛转化为力量;之所以可爱是因为不管什么时候,他都能让自己充满着活力。

男人如果失恋了,打个滚之后便能重新站立起来,而且将失恋的痛苦转化成了工作所需要的元气。女人们经常谴责男人,认为他们不珍惜爱情,总是拿"天涯何处无芳草"这句话来安慰自己,而且经常在失恋之后迅速地将对方遗忘。而男人却坦然地承受着失恋给自己带来的伤害与众人投向自己的目光,重新找到生活的意义。对于男人来说,上一任女朋友只是个回忆,不代表任何东西,只有那个会永远陪伴自己的人才是无法忽略的。

5. 生命诚可贵，爱情价更高

匈牙利诗人裴多菲曾写下一句为世人所传诵的爱情名言："生命诚可贵，爱情价更高。"而这一带有浪漫主义情怀的诗句，不知道曾经被多少苦苦追求爱情的男男女女们奉为爱情真理，但是对于以理智存在于世的男人来说，生命与爱情，究竟哪个更可贵？而这一命题在起初看上去颇具情怀，但细细追求之下，却全然不是那么回事：连生命都没有了，还哪里会有什么爱情存在？而理智的男人总是将生命高悬于爱情之上，因为他们知道：生命是一切情感存在的基础，更是两人爱情发展的必要存在，没有了生命，一切都是枉然。

漠视生命的男人没有权利拥有爱情

生命与爱情到底哪个更可贵这一问题的最终答案一直为某些痴男怨女所追寻。古往今来，为了追求完美的爱情而放弃生命者不计其数，在我国悠久的文学长河中，更是对生死相许这种爱情形式给予了最大程度上的歌颂。"山无陵，江水为竭，冬雷震震，夏雨雪。天地合，乃敢与君绝。""问世间情为何物，直教人生死相许。"……各种凄美的诗句总是让人们所津津乐道。但是对于男人来说，一旦身为强者的他们将爱情凌驾于生命之上，往往会使原本美好的爱情蒙上

阴影。

某个城市里发生了一起悲剧：一对情侣一起从三十层楼的楼顶坠下，当场双双死亡。而在警察介入此事的时候，却发现事实并非人们所想象的两人为殉情而死，其中大有蹊跷。

刘飞与胡美美是两个同在外地打工的年轻人，在谈这场恋爱之前，两个人都从来没有接触过爱情，所以在决定与对方恋爱之后，他们都付出了相同的心血与激情。在认识一段时间之后，胡美美便将自己的行李都搬到了刘飞的家中，这样两个人不仅可以朝夕相处，而且也省下了一笔不小的生活费。年轻人总是想得太过简单，在深爱的时候，胡美美从来没有想过那个老实而又疼爱自己的刘飞会伤害自己。

住在一起之后，双方都把自己的缺点完全暴露在了对方的面前。胡美美很快发现刘飞并非自己想象中那般勤奋，他总是得过且过，完全不知道为自己充电。而胡美美并不甘心于现在的平静生活，她一心希望可以通过自己的努力过上更好的生活。在下班之后，胡美美总是会去各种补习班夜校里给自己充电。而刘飞却一下班就守在电脑面前，丝毫不动，一直玩游戏，直到上床睡觉。

不同的人生目标使得胡美美渐渐对这段感情失去了信心，她想心平气和地与刘飞分手。但当胡美美提出分手之后，刘飞一反往日的老实与忠厚，又是哭泣又是威胁，并告诉胡美美，他已经把她当成了共度一生的人，绝对不会允许她抛弃自己。而这一切都是在爱的名义之下进行的，刘飞的哀求与威胁让胡美美害怕，更坚定了她离开的决心。在几天之后，胡美美趁着刘飞去上班，偷偷地把自己的东西都搬了出来。

没想到这个举动使得刘飞心生杀机，他认为胡美美辜负了他的爱情。当天下午，刘飞到了胡美美上班的公司，并把她约到阳台上进行最后的谈判。胡美美担心出事，还特地叫了同事陪她一同前往。没想到，谈了几句之后，刘飞就上来给了胡美美一巴掌。在看到她没有和好之心时，刘飞竟然过分激动，抱着胡美美在同事的尖叫声中一起摔下了阳台。

爱情对于人类来说，有着其他情感无法代替的作用。有了爱情，人们才感觉到有另一个人的陪伴是多么的重要与美好。但是爱情只是生命组成的一部分而已，它永远无法到达生命的彼岸。一向被看作女人依赖的男人如果让爱情的冲动蒙蔽了双眼，用双手结束自己或者爱人的生命，那便是对爱情最大的藐视，同时也是对生命最不尊重的表现。因为没有了生命，一切感情都将不复存在，而爱情也将没有了原来的美好，只留下苦涩供世人回味。

珍惜爱情，更要善待生命

在各种流传于民间的爱情故事中，最动人的莫过于《梁山伯与祝英台》了。这一对有情人，男人相思成病，最终郁郁寡欢而死；另一个则在出嫁的路途中投身于爱人的坟墓之中，与之共赴黄泉。虽然在传说中，两人最终以化身蝴蝶的形式为我们演绎了一曲爱情中的千古绝唱，但是事实上我们都知道那只是传说，两人的爱情在生命终结之后早已化为乌有，留下的只有世人对故事的反复品味与哀叹了。试想一下，如果梁山伯珍视自己的生命，也许两人会有可能终成眷属的。

欧洲的《罗密欧与朱丽叶》同样有着悲惨而又动人的爱情，但不管是东方还是西方，人们总是有着一样的看法：生命是上天给予的恩赐，我们不应该加以浪费。虽然对于很多人来说，爱情的味道既充满了甜蜜，又被痛苦所充斥着，但是不管两人是有人先一步死去还是最终离开了自己，留下的那个人都不应该轻易地抛弃自己的生命。因为爱情是生命的高级形式，是人生金字塔的尖顶所在，但是生命却是

爱情最基本的塔基所在，如果没了生命，爱情将不复存在。

虽然爱情总有种让人"剪不断、理还乱"的痛苦，但是对于深陷爱河的男人们来说，保持理智更是一件非常必要的事情。"生命诚可贵、爱情价更高"，只不过是诗人为了歌颂这一伟大的情感而写出的感慨而已，并非是在劝说众人需要为了爱情而抛弃整个生命。因为人活一世只有短短的几十年，如果只是因为一时的爱情失利便放弃了生命，那生命未免就显得太过于廉价了。

在藏地有种非常具有灵性的动物——羚羊，它们将"生命诚可贵、爱情价更高"的含义充分地发挥了出来：交配期中，雄性的藏羚羊往往只有在与情敌经过了殊死搏斗、用武力征服了对方之后才有权利与雌性藏羚羊进行交配，并进行拥有属于自己的后代。但人类毕竟不是动物，而以理性著称于世的男人更应该让自己保持在冷静的状态之中，时刻告诫自己：爱情诚可贵，生命价更高。

6. 分手后就不要再联络

对于很多男人来说，分手后就不要再联络是一种很好的终结爱情办法。他们对此的解释是：如果在生命中曾经深深爱过别人，而这个人是自己生命中无法分割的一部分，那么在爱过之后，便不可能以若无其事的方法去将对方看作一个普通的朋友。因为爱过之后再分开肯定是因为彼此都伤害过对方，所以不需要再进行联络了。而这一对待爱情的看法更是会让很多男人所赞同，并不约而同地遵循这一准则：分手之后，就不要再联络了。

分手后的藕断丝连痛苦多

男人在恋爱之中的身份不仅仅是男朋友那么简单，在某种意味上来说，女人之所以会选择与男人共度一生，主要是感觉到这一男人让自己感觉到了安全。但是如果在分手之后还与前女友藕断丝连地联系着，则会让女人感觉到毫无安全感可言，而这种痛苦会使男人也失去重新面对另一段感情的勇气。

远航在去年与相处一年的朋友离离分手了。分手是在电话里决定的，两个人都很痛苦。因为双方父母都不同意两人的婚事，面对父母的强烈反对，一向是乖儿子的远航没有再坚持下去，他不希望父母因

为自己的爱情而饱受烦恼与苦痛的煎熬。而离离也很明白,一段不被家长所祝福的爱情是没有任何存在价值的。两个人在电话中哭了许久,最终说出了分手两个字。

当时的离离在外地,很多的东西都放在了远航的家中,一时间没有办法搬走。离离告诉远航回来再搬,远航没有反对。那些东西里面有离离的衣服、相片、信件、日记等等,而远航又不是太有心去收拾的人,家中就一直保持着还有女朋友的样子。

远航的父母在儿子失恋之后马上安排他参加了相亲,而这一相亲对象也是远航所喜欢的类型。女孩对远航也很有好感,在几个月的交往之后,两人决定顺从家里的意思,尽快把婚事给办了,让双方父母都放心。这个期间,远航总算找回了一点恋爱的感觉,虽然心中已经深深印着一个女人的影子,但是眼前这个温柔的女孩让他无法忽略,也已经不知不觉地在他心里有了一席之位。

就在这时,离离回来了,她打电话给远航说要把自己的东西整理一下搬走。远航心中泛起了涟漪,他向现女友撒了个谎,便开车到了自己的出租房中。离离已经坐在屋子里等着了,但她并没有收拾东西,而是静静地坐着。远航知道,她也是非常不舍得这段感情的。就在离离抬眼看到远航的一刹那,就猛然地扑到了他的怀里抽泣了起来,而远航也没有克制住自己的感情……事后,两个人并没有再次恢复关系的举动,而是开始了一段不清不楚的秘密恋情,平日里经常会相约在出租房里暧昧。即使后来离离也依家中的意思开始了一段新恋情,这种没有方向、没有结果的关系也仍然在继续着。

父母介绍的女朋友开始察觉远航的不正常了,由于两人已经订婚,而且婚期将近,女孩本不想多往心里去,但是转而又有些莫名的担心,心里始终放不下,毕竟这是一个要交付终身的男人,他到底有没有对自己隐瞒什么？于是，她从侧面打听了远航过去的恋情，并偷偷地跟着远航去了两人的出租房中，当场把远航与离离堵在了屋子里。面对这样的局面，女孩伤心不已，当即就宣布两人的婚约取消，而远航的父亲也被儿子的暗渡陈仓给气得住进了医院。邻里街坊传遍了远航的风流韵事，原本乐于走东访西的媒婆也不再踏进远航的家门，不再给他介绍对象了。

分手之后不可以再继续联络有很多的理由。如果说在分手之后两人还保持着联系，只能说明有一方还没有放下对方，还不愿意让对方从自己的生活中彻底地消失，所以会找出各种各样的理由来继续联络，例如，分手之后还可以做朋友。但是这样的理由总是让人无法信服，因为如果是真的爱过了的话，怎么还可能会忍受得了那撕心的痛苦去接受最亲密的人变成普通朋友？所以，分手后的藕断丝连更不应该。

分手后学会做陌生人

现实是非常残酷的，并没有我们想象中那么浪漫与多彩。分手后可以安下心来做普通朋友的人几乎不存在，除非两个人在恋爱的时候都没有把对方当真，只是抱着玩玩的态度。如果是真的付出过真心的爱人，在分手之后只会对对方的名字忌讳无比，因为每一次提及都是一次揭开伤疤的过程，那种痛苦是没有爱过的人无法感受到的。

作为男人，更应该将分手后便是陌生人作为自己的行事准则。因为很多女人都有恋旧的心理，一旦在与新男友发生了争执之后，再回想起从前与男友在一起的快乐时光，女人便会有一种留恋的感觉。而男人则不同，他们比较懂得隐忍，而且更懂得哪些感情可以回忆，哪些感情最好不要再次提及。如果男人可以将分手后做朋友的不可能认

识清楚,女人便能更清楚地进行下一段的恋爱。

　　作为社会主要支柱来存在的男人在感情中也是一种支柱,一段感情可以持续多久往往主动权在男人的手中。如果男人抱着分手之后还可以做朋友的想法,那么女人便很难会对这段感情舍弃。而在两人的纠缠之中,很可能会使原本早就可以愈合的爱情伤口被撕扯得更深、更大,一旦意识到再如何坚持也不会再拥有对方时,两人都会陷入一种对爱情的绝望情绪之中。男人一定要明白,之所以不能再联络完全是出于爱,因为爱过,所以更不能继续彼此伤害。只有在岁月流逝中,让时间去治愈这段失败的感情所带来的伤害,才是最恰当的处理方法。

　　　　分手之后,理智的男人便很清楚,这段感情已经没有必要再去追溯了,不然两个人便没有必要分开。他们总是会让自己在出门之前打扮得非常整洁与清新,因为没有规定说男人在失恋之后便一定要邋遢无比才能表达出分手后的痛苦。在过去的女朋友打电话给自己,哭诉现在的生活是如何不顺利时,男人最好体现一下自己的绅士风度劝慰对方,但是不要动任何见面的念头,因为见面之后看到曾经深爱的女人受了委屈,男人是很难保持理智的。所以一定要记住,分手后不再联络才是处理这段感情最好的途径,而相见不如想念更是彻底治愈爱情伤痛的一种好方法。

第七章

读懂夫妻——家庭和谐

　　夫妻之间的幸福生活要从心开始,像恋爱时那么心有灵犀,知道对方的心,明白对方想要的是什么,最讨厌的是什么,相信对方的一个眼神是对你的肯定,像对方了解自己一样知道他的需要;多么困难的事情,靠着夫妻两人的力量一定会扛过去的;夫妻间的宽容、理解、支持和对爱情的坚定是幸福生活开始的心术。

1. 女人靠哄，男人靠捧

一个傻乎乎的女人对自己的丈夫说道："你哄哄我嘛，只要你疼爱我，哪怕只有一句假话，我的心里也会比吃蜜要甜。"

一个大男人对自己的妻子说道："在家里，你怎么修理我都行；但在外面，你必须给我一点面子，只有这样，我才会对你感激不尽。"

由此可知，女人靠哄，男人靠捧。

女人需要男人的"哄"

女人靠哄，是由于女人永远需要一种感觉的泡沫来滋润她们那敏感而又脆弱的神经，聪明的男人应该学会"顺毛摸"，你可以称她笨，称她傻，但绝对不能说她不漂亮，不迷人；男人靠捧，是由于男人是爱面子的人，或许是由其雄性激素所致，一旦没有面子，男人就会觉得其失去了应有的气质与风度，聪明的女人应该学会"卖面子"，你可以称他不帅，但绝对不能说他没有男人味。

小芳和小超结婚快一年了，结婚后，小芳才发现自己的老公像一块木头。因为老公无论去什么地方出差回来极少给小芳买礼物。为此小芳埋怨了他好多次。每次小超却笑着说："我不知道买什么好，怕买回来你不中意。"这时候小芳气不打一处来，生气地说："你就是买一个扎头发的东西,我都会喜欢的;实在不会买,你就带一粒糖果回来给我也好啊。你看看现在谁家的老公不是把自己的老婆哄得开开心心,就你不会,没结婚时是这样,现在结了婚还是老样子,你就不能改变一下吗?"

看到自己的老婆在"教训"自己,小超并没有表现出来生气的样子,而是到厨房里抱着正在做饭的小芳的腰说:"老婆教训的是,说的有道理,我往后再出差,一定会记住老婆大人的话,别生气了宝贝,生气对身体不好……"

这时小芳笑了,用手指着小超的额头说:"木头,端碗,吃饭吧。"

也许真的是小芳那次的努力取到了效果。小超"开窍"多了。每次出差,只要有时间,他都会给小芳带礼物。外套,茶杯,皮鞋,发夹……每次都把小芳感动得差点为他洗脚了。女人啊,果真是要靠男人哄哄的。

事实上,女人的心犹如花儿一般,需要辛勤地管理,即使是进行一些含有水分的赞美,也足以湿润她那干涸的心田。归根到底,男人挣的钱还是让女人花的,他的价值除了体现在事业的成功方面,还展现于女人满足的笑靥中。女人是极易满足的,有时只需哄哄她即可,作为男人的你又何乐而不为呢?

男人需要女人的"捧"

不论在何种境遇下,男人都想成为女人心中的神,这就是男人。常言道:"男人天生就是长不大的孩子。"也就是说,男人也喜欢听好话。

在平日的生活中,女人应该学会捧自己的丈夫,给予他一定的自信。曾有这样一种说法:"最刚强的人往往会有最脆弱的一面。"男

人正是如此。男人为了社会、为了家庭、为了自身价值，总是在不同的岗位上始终不渝地奋斗着，但不同的机遇、不同的环境使得男人的成功参差不齐，在男人的世界里，总是存在着"天外有天，人外有人"的竞争局面。毕竟天时、地利、人和均占优势的只是少数，绝大多数人们经过奋斗，却没有取得意想的结果。男人奋斗了，努力了，不论其获得何种成功，回到家里都渴望得到妻子的认可、理解与安抚。这个时候，女人诸如"你真棒"、"你已经做得不错了"之类的话语，便能如天籁般地安慰男人的身心，愉悦男人的耳目。

众所周知，自古以来，男人均在家庭中占据着主导地位，家之所以被称为家，就是因为其是由男人与女人组成的，而男人又不可避免地扮演着家庭生活里的顶梁柱。因此，女人应该在生活中给男人以自信：男人做了一顿极为简单的饭菜，女人不要仅仅一个微笑了事，而应给其一个紧紧的拥抱，告诉他这是你所吃过的最幸福的一餐；男人不经意地擦了一次地板，女人不要仅仅一句感谢了事，而应给其一个深深的热吻，告诉他你已经找到了一个最贴心的男人。适当地捧一捧男人，是对其最大的鼓励；适当地捧一捧男人，使其感到自己是不可或缺的；适当地捧一捧男人，他将会更加努力地做好每一件事情。

> 女人甘愿在家里做黄脸婆，为的就是男人在闲暇之余能够哄哄她；男人在外面不畏艰难地奔波，为的就是女人在忙碌之余能够捧捧他。在不断的生活中，尽管夫妻之间的磕磕碰碰在所难免，但只要男人多哄哄女人，女人多捧捧男人，彼此之间相互体谅，两人的爱情就会天长地久。

2. 善意的谎言更能维持感情

曾有一首歌这样唱道:"爱要真诚。"的确如此,若要使婚姻之树长青不衰,就需彼此之间相互信任与包容。缺乏真诚的婚姻犹如无本之木的空中楼阁,注定是没有生命力的。那么,在婚姻生活中,是否就容不下半点欺骗呢?答案是否定的。事实上,善意的谎言不但不会违背彼此真诚的信条,反而还会增进双方的感情,使婚姻变得更加幸福和谐。

用善意的谎言化解无奈

婚姻生活已不再是恋爱时节的玫瑰和香槟,它需要夫妻双方在柴米油盐的日常生活中,以合理的心态互相协调,构建默契。

一对经济条件平平的中年夫妇一起逛街,看到一件漂亮的衣服,妻子上看下看、左看右看,越看越顺眼,越看越喜欢,但一问价格,不禁令他们为之一怔——2000元的"天价",远远超过了他们能够支付的金额。这时,丈夫有些不自在,他向妻子问道:"你喜欢它吗?"妻子仿佛意识到了什么,立刻把衣服放下:"哎呀,我刚刚看花眼了,这件衣服怎么是棕色呢,难看死了,我不喜欢,咱们还是走吧!"紧接着,服务员拿出另一件异色同款的衣服,并向她问道:"您看这种

颜色如何？我觉得您穿上这件衣服特别漂亮。"妻子匆匆一看，连忙说道："不用麻烦你了，我现在不喜欢这种款式了。"她一边说着，一边拉着丈夫走开了。

在这个故事中，妻子用一个善意的谎言"枪毙"了自己爱不释手的衣服。与此同时，她是用一份小小的体贴使丈夫如释重负，用一份小小的智慧化解生活的无奈。从某种程度而言，善意的谎言既是赋予人类的灵性，又体现着情感的细腻，这种谎言是美好的，并不能与罪恶联系在一起。在某些境遇下，欺骗仅仅只是表面现象，但表面现象下所隐藏的真实面孔却是那份美丽、那份源自内心的善意。

善意的谎言更有力量

如果夫妻之间没有谎言，则是不完美的。善意谎言的存在，尽管欺骗，却是一种人性最真实的流露；尽管欺骗，有时却能使夫妻之间的关系更为和谐，生活得更加愉快美满。

通常情况下，妻子会向丈夫问道："我的衣服好看吗？"尽管丈夫并不喜欢其颜色与款式，甚至觉得它与妻子不太"般配"，但为了迎合妻子的心理，丈夫依然会回答道："很漂亮，它仿佛是特意为你定做的。"妻子的手艺颇为不佳，烹饪的饭菜难以下咽，尽管丈夫硬着头皮品尝着，但他依然边吃边赞"味道好极了"，并假装吃得津津有味。

"某某的太太既漂亮，又贤惠，且知书达理，你一定后悔娶了我吧？""怎么可能呢？如果我不喜欢你，还会娶你吗？再说，倘若你不漂亮，不正是说明我的眼光有问题吗？我非常相信自己的眼光，你呢？"有时，妻子甚至会无理地问道："我觉得你的心里应该还有一个令你难以忘记的人，现在你是否还想着她呀？"而丈夫的回答却是千篇一律的："哪有？这辈子我只爱过你一个人！怎么会还有别人呢?"其实,在内心深处,他还惦记着初恋情人的模样。但事隔多年,人隔千山,昔日的恋人早已成为他人娇妻,与其为此使妻子的内心失衡,还不如让往事一去永不复返。或许这种善意的谎言,才是最为完美的结局。

心理学家洛巴托曾这样说道:"如果我们在一天当中总是说真话,那么就会感到自己反受其害,无法与人和睦相处。"在夫妻不断相处的过程中,并不是每件事情都需我们做出大是大非的判断,生活充满着无数摩擦,需要一种可以起到润滑、缓冲、软着陆等作用的东西。有些时候,善意的谎言比真相更能维持夫妻之间感情。只有在合适的时候说些善意的谎言,彼此之间才能多出许多宽容与忍耐,才能多出许多关爱与体恤。

> 善意的谎言既是美丽的,又是珍贵的,既不会酿成信任危机,又不会扭曲人性。尽管其表现形式是欺骗,但表达的却是一种无微不至的关怀与呵护,体现出的却是情感的优雅与思想的成熟。它不仅能够遮蔽心灵方面的些许脆弱,还能为精神方面带来点滴安慰,进而使其婚姻生活更加和谐、更加芬芳。

3. 婚姻就是一种习惯

有人说:"婚姻如鞋,鞋子究竟合不合适,只有脚最清楚。"也有人说:"婚姻是爱情的坟墓。"当柴米油盐代替了花前月下,当柔情蜜意被家庭俗务所淹没,婚姻就逐渐转变为一种习惯。随着时间的不断推移,你将会习惯与另一个人生活在同一个屋檐下,吃同一桌饭菜,睡同一张大床,与此同时,原本一双很紧的鞋,穿久了自己也便适应了。

爱是一种习惯

许多人都认为婚姻的最高境界是生死相许,毕竟无数文学作品中轰轰烈烈的婚姻总是会把生与死联系在一起。那些流传千古的婚姻无一不是生生死死,在文学作品中,尤以悲情者居多。然而,那种荡气回肠的婚姻在日常生活中却从未出现过,更多的婚姻却只有爱与恨、快乐与悲伤,犹如电视剧《最浪漫的事》所描绘的那样。从某种程度来说,婚姻就是一个相互习惯、相互适应的过程。

他们结婚已经两年多了,在这两年内,既有许多的争吵,也有很多的甜蜜。

一天,女人向男人问道:"你说,爱的最高境界是什么?"男人沉思了一会儿,然后回答道:"是生与死吧。你想一下,一个人可以为了另外一个人去死,舍弃生命中最为宝贵的东西,这不是爱的最高境界吗?"

女人点了点头,紧接着,她又摇了摇头。起初她也是这么认为的,但后来否定了这个观点。"那么,你说它是什么呢?"男人疑惑不解地问道。女人微笑着回答道:"是习惯。当你习惯了对方的生活习惯时,你就真正爱上她了。爱情本身就是一个人对另一个人习惯的认同,而爱的最高境界就是认同了对方的习惯。"

一个女人习惯了一个男人的鼾声,从不适应到逐渐习惯,从习以为常到听不到他的鼾声就睡不着觉;一个男人习惯了一个女人的撒娇与任性,甚至她的无理取闹、她的无事生非;一个人会为了另一个人而改变、而迁就,最终对那些改变与迁就变得自然而然,这就是爱,这就是婚姻的本质。

习惯是婚姻的归属

从结婚的那天开始,两个人就逐渐适应着对方的生活,并努力习惯对方的生活方式。日子久了,她便习惯了他的早出晚归,习惯了他衣服的烟草味,习惯了他不再说"我爱你",习惯了他半夜起来看足球。与此同时,他也习惯了她在家等待的感觉,习惯了她满屋乱扔的衣袜,习惯了她没完没了的唠叨,习惯了她的母性呵护。

正是由于婚姻是一种习惯,当猛然改变这种习惯时,便会觉得日子仿佛过不下去。突然失去朝夕相处的习惯,家里就会变得愈加空旷与寂寞,心里的那份迷茫和空虚也会伴随情绪的发展而异常郁闷。倘若真的能够重新选择,可能还会由于彼此的依赖和接受而再次返回,尽管或许与原有的习惯不尽相同,但它毕竟又是一种习惯。

从恋爱到结婚,从结婚到老去,婚姻越往后,便越会缺少激情、

缺少浪漫。但激情和浪漫并不是生活的全部,在一场婚姻里,除了激情和浪漫外,还囊括着许多人情世故,囊括着许多必需品。当激情和浪漫结束时,两个人在一起更多的只是由于一种责任、一种习惯。彼此的婚姻已从当初的两个人合为一体,难分彼此。这时,彼此之间不是没有了爱,只是这种爱已演变成一种亲情之爱,犹如兄弟姐妹一般的手足情;这种爱不易令人察觉却尤为习惯,习惯到根本就是幸福的地步。

有些时候,婚姻就是如此简单、如此朴素地表现于生活的点滴之中,它就像一杯周围的白开水,伸手可及,淡而无味,但却是人们生活中的必需品。正如《安妮宝贝》所说的那样:"不是爱他,而是爱有他的日子。"从某种意义而言,习惯既是婚姻的归属,又是婚姻的最高境界。

幸福的婚姻是一种好习惯,彼此习惯了牵挂和惦记,习惯了对方的感受和气息,习惯了彼此的吸引与包容,习惯了应该习惯的一切事物。正是由于这种习惯的存在,彼此才不离不弃;正是由于这种习惯的存在,其婚姻才会长久甜蜜。

4. 包容乃是夫妻之纲

包容是善待婚姻的最好方式，充分理解对方的做事方法，既不苛求，也不责备，如此一来，不但能够给予对方爱的源泉，还能使其婚姻如同童话般妙趣横生、和谐幸福。

爱需要包容

婚姻中的两个人需要不断适应、不断磨合，而这个过程则需不断地包容，只有包容对方的一切，才能形成合力，为了共同的目标而努力；只有包容对方的一切，才能更加和谐，使婚姻更好地延续下去。

一对家境贫寒的老夫妇想把家里唯一值钱的马拉到集市上，并用它换一些更有用的东西。老汉先用马与别人换了一头牛，又用牛与别人换了一只羊，然后又用羊与别人换了一只母鸡，最后用母鸡与别人换了一袋烂苹果。得知这一情形后，街坊邻居都讥笑他是个傻瓜，回到家里，定会得到老伴的谩骂。

当老汉回到家后，他向老伴讲述了自己赶集的经过。令他想象不到的是，每听到自己讲到用一种东西换了另一种东西时，老伴都给予其充分的肯定。她喃喃地说道："噢，我们可以喝到牛奶了。""嗯，羊奶也同样好喝。""咦，我们有鸡蛋吃了"……当最终望到眼前的

一袋烂苹果时,老伴不愠不怒地说道:"我们今天晚上可以吃到苹果馅饼了!"她说完,又深情地吻了一下丈夫的额头。

爱需要包容。它既不是盲目地放纵错误,也不是刻意地回避矛盾,而是对错误的一种量化,对矛盾的一种分解。它不仅是一种风度,还是一种气质,更是一种大爱,正如人们常说的那样:"和谐的婚姻生活是由充耳不闻的丈夫和视而不见的妻子组成的。"每个人都有着一定的缺点与不足,都有着这样或那样的恶习,倘若带着放大镜去窥视它们,那么,日子一天也无法过下去。为了婚姻的长久幸福,请不要试图改变对方,而应大度地想方设法向对方靠近。

相互包容,享受幸福

婚姻是一门艺术,若要维持这段婚姻,就要依靠彼此的包容。夫妻关系是人类关系中最需要融洽、最需要默契的一种,毕竟他们朝夕相处,相互依赖的程度较深。与此同时,婚姻把男女双方固定在"丈夫"和"妻子"的角色上,一旦经过婚姻这种形式,便开始了一场极其复杂的人生。它既能带来快乐和烦恼,又能带来幸运和不幸;既能带来下一代,又能带来一个难解之谜。在日常生活中,有些夫妻情深意浓、相互包容,在美好的夕阳中,手牵手共度幸福晚年;有些夫妻不断挑刺、不断指责,在几十年的相处过程中,始终存在一种"剪不断、理还乱"的复杂关系。

或许夫妻双方均能深切感受到,婚姻不同于纯粹的爱情,单纯的爱情绝大多数时候只是浪漫,而婚姻是需要与柴米油盐打交道的;婚姻也不同于男女之间的契约,家庭也并不是爱到极致才组合而成的。任何事情一旦到达极限,就会出现问题。比如,糖甜到一定的程度,就会转变为糖精,而糖精却是苦的。

在经营婚姻的过程中,最需要的莫过于包容,当我们舒舒服服地躺在情爱的婚床上，当我们在不断生活中享受着来自伴侣的关爱，心中自然就会充满着爱；但当由于日常琐事而与自己的另一半发生矛盾时，我们时常会难以分清谁对谁错，这时，倘若互不忍让、针锋相对，其矛盾就会进一步激化。许多婚姻也正是由于如此，才制造出千古遗恨。因此，当发生争执的时候，我们应该想想对方种种的好，以包容的心对待对方。

作为一个男人，应该包容自己的妻子。在为人妻后，女人既要生育孩子，又要照顾孩子的生活，既要努力工作，又要辅导孩子的功课，这一切均需要投入大量精力，诸多女人正是在这一过程中而急速变老的。此时，男人不应该因为鸡毛蒜皮的小事与女人斤斤计较、喋喋不休；而对于女人来说，男人有时就像一个长不大的孩子，在外忙碌了一天的他渴望自己回家后，能够吃到现成的热饭热菜；渴望每天回家时，窗口能有一盏等待他的柔和温馨之灯，尤其是在竞争日益激烈的当今社会，男人的思想负担是异常沉重的，他们更需要妻子的包容与理解。

"年轻的夫妻，老来的伴"，在人生的道路上，夫妻之间只有相互欣赏，才能把配偶视为最亲密的朋友；只有相互包容，才能在充满温馨的旅途中尽享幸福。

相爱的双方，应该学会包容。他出去应酬归来较晚，你应该陪他说说心里话，而不是劈头盖脸地指责；她在你面前接听异性电话，你应该相信它是正常交际，而不是刨根问底地询问打电话的人……学会包容，既是夫妻之纲，又是构建和谐家庭的关键，正所谓"容人须学海，十分满尚纳百川"。只能做到包容对方，才能迎来对方的尊重与理解；只有做到包容对方，才能拥有一个幸福美满的家庭。

5. 爱情需要时时保鲜

当一切风雪花月的故事定格在初恋时节,当锅碗瓢盆所演绎的婚姻生活逐渐归于平淡,这时,夫妻双方均会意识到"二人世界"并没有想象中的那般浪漫,不仅淡如止水,有时还会繁琐得吓人,久而久之,便会毫无兴致。因此,他们不禁会发出这样的感慨:曾几何时,那种浪漫而又温馨的感觉为何就消失得无影无踪了呢?

让婚姻时刻处于保鲜状态

早晨丈夫上班时,对他叮嘱一句:"路上小心!"望着镜子中的妻子,告诉她:"你依然如此漂亮!"当丈夫从外面回来时,给他一个深情的拥抱。当妻子做好饭菜时,对她说一声:"你辛苦了!"……其实,婚姻需要时刻保鲜,不能由于生活琐事的忙碌而忘记为婚姻这朵娇嫩的鲜花浇水。

楠楠与老公结婚三年了,结婚后,她才发现婚姻并没有想象中的那么浪漫,那么温馨,多的仅是毫无意义的争吵和油盐酱醋的磕碰。她常忆起婚前与刚结婚时的那段日子,在那时,两个人曾如胶似漆,一日不见如隔三秋,平日里充满着轻言细语。

在一个偶然的下午,楠楠在报刊上看到"为婚姻保鲜"这一说法，她的心头猛地一颤：的确如此，爱情是极易腐烂的东西，我们的婚姻是否也在逐渐变质，正在一步一步地腐烂呢？刹那间，她仿佛意识到自己也该为婚姻保保鲜了。

那天，楠楠拿出几封婚前丈夫为她所写的情书，躺在沙发上细细地品味着，心中竟然发起丝丝酸涩的感觉。毕竟丈夫已经许久没有对她说过情话了，每次回到家后，他习惯性地躺在沙发上，全然翻起了报纸，根本不屑与楠楠说一句话。第二天，楠楠居然收到了丈夫的一条短信，看着那火热的内容，楠楠的心不禁为之砰然一跳。在接下来的日子里，她每天都能收到丈夫发来的短信，甚至还会收到丈夫所赠送的鲜花。

后来，楠楠悄悄地向丈夫问道："为什么最近如此浪漫？"丈夫却在短信里回道："我在你的那本杂志上看到'为婚姻保鲜'这篇文章，我觉得我们也应该时常为婚姻保保鲜……"

婚姻是爱情的升华，走进婚姻的围城，意味着两个人的生活才刚刚开始，只有时常为婚姻保鲜，才能使婚姻在幸福的轨道上平稳运行，才能和谐美满地度过一生；只有时常为婚姻保鲜，才能永久地支撑起婚姻的融洽，才能使婚姻这座围城牢不可破。

努力经营自己的婚姻

谈及"保鲜"，许多人都会产生这样的意识：若要保持食物的新鲜，就需把它放在冰箱内。渐渐地，冰箱便成为保鲜工具的代名词。众所周知，不能把东西扔进冰箱后就置之不理，而应不时地打开冰箱，不时地把容易腐烂的东西挪出去。

理所当然，婚姻也会过期。因此，做好的办法就是把它放入名为婚姻的冰箱里。但冰箱的常识又告诉我们任何冰箱都不能保证里面的物品"永葆青春"，它仅仅只能延长物品的寿命，更何况，冰箱里还

存放着诸多与婚姻无关的东西。倘若保存不当,它们就会使婚姻串味、加速变质,进而污染整个冰箱。

人们常说:婚姻就像一颗大树,只有不断浇水、施肥、修枝、剪叶,才能长得枝繁叶茂;婚姻又像一朵鲜花,只有不断保鲜,才能吐露芬芳。

相关专家曾做过粗略的统计,即使把每个人一生中的激情指数相加起来,也不会超过两个月。当两个人从爱情转向婚姻,相互之间的激情与吸引力就会随着长相厮守的岁月而日益变淡,于是,许多人便这样说道:"婚姻是爱情的坟墓。"其实,即使两个人不结婚,过长时间的马拉松式爱情也会耗尽彼此的激情,甚至导致爱情自动消失。因此,当浪漫与激情不再时,你应该想方设法为婚姻加点佐料;当婚姻濒临解体时,你应该尝试着使婚姻保持新鲜状态。

婚姻并不是爱情的坟墓,而是爱情的升华。如何使婚姻时时处在保鲜状态,如何使婚姻在幸福的轨道上不断前行,则需要一定的聪明与智慧。只有时常为婚姻增添一层保鲜膜,才能幸福美满地度过一生。

下篇　洞悉情场相处智慧

6. 有吵有闹才叫生活

无论是多么完美的婚姻，都会有产生分歧的时候，虽然没有太多的大是大非，但鸡毛蒜皮般的小事却不胜枚举。比如，他总是指责你增添衣服是一种奢侈浪费，她洗完澡后时常把脏衣服扔在浴室的地板上……几乎所有的夫妻都会为这些小事而不断吵闹。然而，有的夫妻吵到两败俱伤的地步，最后只好挥手说"拜拜"；有的夫妻却能越吵越相爱，在争吵中提升感情指数。

越吵，感情越好

对于有些年头的夫妻来说，吵闹犹如家常便饭，他们吵到最后不外乎两个结局：讲和或分开。但有些夫妻的感情并没有随着吵闹而不断变坏，而是在相互拌嘴中，满含着对对方的爱，甚至连吵架内容本身也成为爱对方的表现，这就是常言所说的"越吵，感情越好"。

在余华的《兄弟》中，或许很多人都对小关剪刀记忆犹新。在小关剪刀与其老婆出场的过程中，所说的每句话几乎都在争吵，但在这种吵闹中，人们不但没有察觉到他们的感情越吵越浅，反而意识到他们在吵闹之中的浓浓爱意。

小关剪刀对着正在晾衣服的老婆嚷道："明天就要走了，还洗什

么衣服?"那个女人转过身来,故意喊道:"正是因为明天就要走了,今天才洗衣服呢。如果明天不走,我才懒得洗衣服呢!"听到她的话语,小关剪刀生气地说道:"明天一早的汽车,万一衣服不干,怎么办?"那个女人毫不示弱地回答道:"倘若那样,你可以先走,我等衣服干了再走。""他妈的,我这辈子娶你真是瞎了眼睛。"小关剪刀嘟囔道。而那个女人却回应道:"我瞎了眼睛才嫁给你呢!"

在小关剪刀与老婆的退场规程中,也是伴随争吵而结束的。小关剪刀背着道具袋,左手拉着一只极小的箱子,他要去抢她右手里的大旅行袋,她却死活也不给他;他又去抢她左手拉着的大箱子,她依然紧紧攥在手中,于是,两个人便开始骂骂咧咧。小关剪刀对她吼道:"他妈的,你没看到我还空着一只手吗?""你的手?哼,又是肩周炎,又是风湿病……"她响亮地叫道。"他妈的,我这辈子娶你真是瞎了眼睛。"小关剪刀继续骂道。"我瞎了眼睛才嫁给你呢!"那个女人又骂了回去。

然而,在与老乡宋刚的谈话中,小关剪刀却这样说道:"我找到了一个好女人,在整个刘镇,都找不到这么好的女人。"

从小关剪刀与其老婆的争吵中,我们不但没有体会到势不两立、火药味十足的感觉,反而拥有一种熨帖的感动。俗话说:"灯不点不亮,话不讲不清,理不说不透。"有些夫妻之所以感情破裂、家庭不和,就是由于他们缺乏交流沟通、缺乏必要的理解,而夫妻之间的交流方式有很多,吵闹就是其中不可缺少的一种。

对于夫妻来说,既不怕吵,也不怕闹,最怕的就是一方把不满蒙在心里,不愿开口与对方交流。倘若对方永远不知道自己在何种境遇下感到如何委屈,就会把这个隐性的炸弹越埋越深,一旦爆发时,便不可收拾。吵闹则是一剂润滑剂,只有在争吵的磨合下,家庭这台机器才能较好地运转。

打是亲，骂是爱

相信每对夫妻都有过吵闹的经历，在生气的时候，总会不由自主地怀疑婚姻的本质，怀疑对方已不再喜爱自己，然后就会把话说得颇为难听。倘若双方均不肯让步，就极容易酿成不可挽回的后果，即结束曾经充满希望的婚姻。冲动的苦果，只能为自己带来永远流不完的眼泪，原本只是一些微不足道的小矛盾，却造成了令人遗憾的结果。因此，即使是夫妻，也有不可触摸的软肋，应懂得适可而止。

事实上，吵闹对婚姻本身而言是一件好事，毕竟在吵闹的时候，说明双方还愿意针对矛盾的本身来进行沟通，即使方式较为火爆，也总比相互隐瞒要好得多。婚姻最伤人的并不是那些气话，而是无话可说的冷漠，所以，吵闹就像婚姻里不可或缺的调味剂，越吵味道越好。

倘若你与你的爱侣偶尔吵上一架，且吵得面红耳赤，并不等于你们之间的关系由此亮了红灯。架吵得越好，你们的感情将会在"风雨"之后变得越稳固、越坚实。当然，并不是何种吵闹都能使你们的感情升温。吵闹就像炸弹，只有使用得恰到好处，才能避免由于时机不对或方式不对而造成的破坏。

一位歌唱家曾这样说道："那些看上去最相爱、从不争吵的夫妻，总会比别的夫妻更早离婚。"的确如此，有些夫妻表面看似和睦，他们从不吵闹，很可能是由于感情冷漠而采取"冷战"的方式。其实，吵闹是奔向幸福的助跑器，只有经过激烈的争吵与碰撞，才能增进彼此之间的感情；只有善用吵闹"秘笈"，才能使双方的感情更加坚实。